智库 中社 国家智库报告 2017（30）
National Think Tank

经　　济

基于生态文明建设的低碳发展评价方法

朱守先　著

LOW CARBON DEVELOPMENT EVALUATION METHOD BASED
ON ECOLOGICAL CIVILIZATION CONSTRUCTION

中国社会科学出版社

图书在版编目（CIP）数据

基于生态文明建设的低碳发展评价方法／朱守先著 . —北京：中国
社会科学出版社，2017.10
（国家智库报告）
ISBN 978 – 7 – 5203 – 1215 – 8

Ⅰ.①基… Ⅱ.①朱… Ⅲ.①中国经济—低碳经济—经济
发展—评价 Ⅳ.①F124.5

中国版本图书馆 CIP 数据核字（2017）第 250578 号

出 版 人	赵剑英
责任编辑	王 茵
特约编辑	周枕戈
责任校对	李 莉
责任印制	李寡寡

出　　版	中国社会科学出版社
社　　址	北京鼓楼西大街甲 158 号
邮　　编	100720
网　　址	http://www.csspw.cn
发 行 部	010 – 84083685
门 市 部	010 – 84029450
经　　销	新华书店及其他书店

印刷装订	北京君升印刷有限公司
版　　次	2017 年 10 月第 1 版
印　　次	2017 年 10 月第 1 次印刷

开　　本	787 × 1092　1/16
印　　张	9.75
插　　页	2
字　　数	105 千字
定　　价	39.00 元

凡购买中国社会科学出版社图书，如有质量问题请与本社营销中心联系调换
电话:010 – 84083683

摘要： 在国家大力倡导生态文明建设的背景下，低碳发展已成为各级政府社会经济政策制定的客观要求。面对全球气候变化和国内资源环境压力，国家经济政策和行业政策的制定都凸显了低碳发展的重要性和必要性。2010—2017 年，国家发展改革委组织开展了三批国家低碳试点工作，要求以加快推进生态文明建设、绿色发展、积极应对气候变化为目标，以实现碳排放峰值目标、控制碳排放总量、探索低碳发展模式、践行低碳发展路径为主线，以建立健全低碳发展制度、推进能源优化利用、打造低碳产业体系、推动城乡低碳化建设和管理、加快低碳技术研发与应用、形成绿色低碳的生活方式和消费模式为重点，探索低碳发展的模式创新、制度创新、技术创新和工程创新，强化基础能力支撑，开展低碳试点的组织保障工作，引领和示范全国低碳发展。

低碳发展是一项系统工程，低碳评价方法学是一项融合数值模拟、数据库开发、应用软件开发等多领域、多层次人员构成的复杂系统工程，国家迫切需要一个能综合反映碳排放与社会经济发展的应用技术手段衡量国内低碳发展过程中存在的矛盾与问题，同时与国外低碳排放国家相比较，也迫切需要采取有效手段减缓在提升国内发展中的碳排放，从而实现社会经济持续发展与温室气体减排的有机统一。

通过构建包括低碳产出、低碳消费、低碳资源、环境质量、社会影响、政策影响等指标组成的指标体系，以及低碳、近零碳和零碳发展的案例分析，不但有利于进一步落实应对气候变化国家自主贡献目标，努力控制温室气体排放，提高适应气候变化的能力，而且也为深度参与全球治理、指导地方低碳发展实践提供有益借鉴。

关键词：生态文明；低碳发展；零碳发展；评价方法

Abstract: In order to better promote ecological civilization construction, low-carbon development has become a hot topic with the growing challenges posed by climate change. However, the extensive in-depth studies on the definition and evaluation methodology of low carbon development have not yet been conducted.

Low-carbon evaluation methodology is a systematic engineering including digital simulation, database development, application software development and so on, involved multi-domains and multi-level personnel constitutes. Although there are lots of evaluation methodology about energy, environment and economy, it is also quite weak in China's related research. Moreover along with the social economy and the environmental science research, evaluation methodology structure and the parameter with difficulty adapts to the new environmental science development demand. Especially after low-carbon economy proposed, China needs to synthesize carbon emissions factors to solve the contradiction among socio-economic development and applied technology method urgently.

Low carbon development is a form that has both achieved a high level of carbon productivity and human development, which is correlated with an economy's development level as well as driving forces such as resource endowment, technological advancement, consumption behavior and environmental policy. On the basis of exploring the concept and key driving factors of low carbon development, possible indicators will be used to evaluate low-carbon development, and further develops an indicator system with six different dimensions: low-carbon outputs, low-carbon consumption, low-carbon resources, environmental quality, social influence and low-carbon policies. The indicator system is tested with case study of low-carbon development status and potentials.

Key words: Ecological Civilization; Low-carbon Development; Zero-carbon Development; Evaluation Methodology

前　言

　　低碳发展已成为生态文明建设背景下中国政府政策制定的客观要求。面对全球气候变化和国内资源环境压力，国家经济政策和行业政策的制定都凸显了低碳发展的重要性和必要性。国家"十三五"规划在发展目标中明确提出"生产方式和生活方式绿色、低碳水平上升，能源资源开发利用效率大幅提高，能源和水资源消耗、建设用地、碳排放总量得到有效控制"。中国发展低碳经济，顺乎世界潮流、合于中国国情，是落实生态文明、实现可持续发展的必由之路。这同全国雷厉风行地节能减排，从根本上摒弃大量消费、大量废弃的传统模式，积极推进生态文明建设，在方向上是完全一致的。

　　低碳发展是生态文明建设的重要环节。2016 年 12 月，国家发改委、国家统计局、环境保护部、中央组织部等部门发布的《生态文明建设考核目标体系》前四项考核指标"单位 GDP 能源消耗降低""单位 GDP 二氧化碳排放降低""非化石能源占一次能源消费比重""能源消费总量"均是低碳发展的核心指标,其中前三项为国家"十三五"规划纲要确定的资源环境约束性目标。

发展低碳经济是一项系统工程,低碳评价方法学是一项由数值模拟、数据库开发、应用软件开发等多领域构成的复杂系统工程。虽然当前关于能源、环境、经济的评价方法学为数不少,但在中国的研究还相当薄弱,而且随着社会经济和环境科学研究的发展,这些评价方法学的结构和参数都难以适应新的环境科学发展的需求。尤其是低碳经济提出后,国家迫切需要一个能综合反映碳排放与社会经济发展的应用技术手段,衡量国内低碳经济发展过程中存在的矛盾与问题,同时与国外低碳排放国家相比较,也迫切需要采取有效手段减缓在提升国内社会经济发展水平中产生的碳排放,从而实现社会经济持续发展与温室气体减排的有机统一。

通过开展低碳经济评价方法学研究,一方面,预测未来中国碳排放的增长空间,不但是对中国经济发展走低碳道路的具体深化,而且也为指导社会经济发展与环境保护之间的关系提供有益参考。另一方面,通过评价方法学在减缓气候变化中的应用,使中国在需要承担温室气体减排或限排义务时，能够很好地参与国际合作和开展碳排放交易，指导中国实现温室气体减排目标与生态文明发展实践。

目　　录

第一章　导论

第一节　问题的提出

随着全球气候变化问题的不断升温，低碳发展道路在国际上越来越受到关注。在经济高速发展的前提下，如何保持能源消耗和二氧化碳排放处于较低的水平，已成为世界各地的共同追求。发达国家已经通过制定战略、设定强制目标等开始推动低碳发展，英国率先提出低碳经济的概念，但没有给予明确的度量标准。具体来说，就是"低"到什么程度才算"低碳"还没有共识。2007—2017年的十年间，虽然国内开展的低碳发展项目产生了较好的社会影响，但缺乏一套广泛接受的衡量指标体系。为了指导中国区域低碳发展的实践，必须建立一套行之有效的方法学（即衡量标准），并用于国内区域案例研究之中。

中国提出低碳发展实施路径，对本国和国际社会探索未来发展新模式都意义重大，中国针对正在进行的气候变化新协议谈判提出明确主张，要求坚持"共同但有区别的责任"原则，强调平衡处理减缓、适应、资金、技术、能力建设、透明度等各要素，为推动构建公平合理的国际气候治理体系贡献了中国智慧。

2010年7月，国家发改委选取了广东、天津等13个地区开展低碳试点工作；2012年11月，国家发改委又选择了北京、海南、上海等29个省市作为第二批低碳试点地区；2017年1月，国家发改委确定在乌海市等45个城市（区、县）开展第三批低碳城市试点。三批低碳试点共包括87个省、市（区县），三批低碳试点的具体任务均包括编制低碳发展规划；前两批低碳试点还包括建立低碳产业体系、建立温室气体排放数据统计和管理体系、积极倡导低碳绿色生活方式和消费模式；第二批和第三批低碳试点还提出建立控制温室气体排放目标责任制或目标考核制度。因此研究低碳发展综合评价方法学对中国应对气候变化、树立负责任的大国形象、促进生态文明建设具有重要意义。

2012年党的十八大报告进一步将生态文明提升至国家策略高度，2015年4月，《中共中央国务院关于加快推进生态文明建设的意见》提出生态文明建设主要目标包括：资源利用更加高效，其中单位国内生产总值二氧化碳排放强度比2005年下降40%—45%，能源消耗强度持续下降，资源产出率大幅提高，用水总量力争控制在 6700 亿立方米以内，万元工业增加值用水量降低到 65 立方米以下，农田灌溉水有效利用系数提高到 0.55 以上，非化石能源占一次能源消费比重达到 15% 左右。

2016 年国家"十三五"规划纲要在"建设现代能源体系"一章提出深入推进能源革命，着力推动能源生产利用方式变革，优化能源供给结构，提高能源利用效率，建设清洁低碳、安全高效的现代能源体系，维护国家能源安全。在"积极应对全球气候变化"一章提出，坚持减缓与适应并重，主动控制碳排放，落实减排承诺，增强适应气候变化能力，深度参与全球气候治理，为应对全球气候变化作出贡献。要求有效控制温室气体排放，包括有效控制电力、钢铁、建材、化工等重点行业碳排放，推进工业、能源、建筑、交通等重点领域低碳发展，支持优化开发区域率先实现碳排放达到峰值；深化各类低碳试点，实施近零碳排放区示范工程；控制非二氧化碳温室气体排放；推动建设全国统一的碳排放交易市场，实行重点单位碳排放报告、核查、核证和配额管理制度；健全统计核算、评价考核和责任追究制度，完善碳排放标准体系；加大低碳技术和产品推广应用力度等。2016 年 12 月，国家"十三五"节能减排综合工作方案提出了 2020 年节能目标，到2020年，全国万元国内生产总值能耗比2015年下降15%，能源消费总量控制在50亿吨标准煤以内，煤炭占能源消费总量比重下降到58%以下，电煤占煤炭消费量比重提高到55%以上，非化石能源占能源消费总量比重达到15%，天然气消费比重提高到10%左右。同时根据各地区实际及发展差异，确定了各地区能耗总量和强度"双控"目标（见表1–1），"十三五"能耗强度降低目标由10%—17%不等，"十三五"能耗增量控制目标最低为北京，为800万吨标准煤，最高为山东省，为4070万吨标准煤。

表1–1　　"十三五"各地区能耗总量和强度"双控"目标

地区	"十三五"能耗强度降低目标（%）	2015年能源消费总量（万吨标准煤）	"十三五"能耗增量控制目标（万吨标准煤）
北京	17	6853	800
天津	17	8260	1040
河北	17	29395	3390
山西	15	19384	3010
内蒙古	14	18927	3570
辽宁	15	21667	3550
吉林	15	8142	1360
黑龙江	15	12126	1880
上海	17	11387	970
江苏	17	30235	3480
浙江	17	19610	2380
安徽	16	12332	1870

地区	"十三五"能耗强度降低目标（%）	2015年能源消费总量（万吨标准煤）	"十三五"能耗增量控制目标（万吨标准煤）
福建	16	12180	2320
江西	16	8440	1510
山东	17	37945	4070
河南	16	23161	3540
湖北	16	16404	2500
湖南	16	15469	2380
广东	17	30145	3650
广西	14	9761	1840
海南	10	1938	660
重庆	16	8934	1660
四川	16	19888	3020
贵州	14	9948	1850
云南	14	10357	1940
西藏	10	——	——
陕西	15	11716	2170
甘肃	14	7523	1430
青海	10	4134	1120
宁夏	14	5405	1500
新疆	10	15651	3540

数据来源：《"十三五"节能减排综合工作方案》。

注：西藏自治区相关数据暂缺。

第二节　国际气候政治对中国现代化进程的挑战

在经济全球化的格局下，发达国家的温室气体减排行动也必然会对发展中国家的经济产生相应的影响。

发达国家的高能耗、高排放部门如电力、钢铁、建材和化工等行业将面临强制性的减排要求。为了实现减排目标，这些行业的企业一方面会挖掘自身的节能潜力进行技术更新或改造，另一方面会向海外开拓市场，通过对外直接投资增加企业利润，弥补因国内履约造成的损失。在经济全球化的背景下，中国等发展中国家正在成为世界的工业基地。中国成为世界工厂虽然得到了急需的资金和技术，取得了经济增长，但代价也不可忽视。中国正处于经济高速发展阶段，经济总量的物理扩张，多数是对常规技术的简单复制。而且，一经投入便有一个投资回报期技术和资金的"锁定效应"（Locked-in Effect）。基础设施、机器设备、个人大宗耐用消费品使用期限均在15—50年以上，其投入被这一年限"锁定"，立即更换意味着巨大的经济损失。当未来中国需要承诺温室气体减排或限排义务时，就可能被这些投资"锁住"。如果把这些产业再转移出去，对就业、再就业和经济发展将有很大的冲击。

当前，中国正处于快速工业化和城市化进程之中。1990—2016年，中国碳排放增长量达67.96亿吨碳，增长近3倍，占世界总增长量的57.43%。同时，2016年，中国能源消费总量达到43.6亿吨标准煤，是1990年的4.42倍。中国能源消费和温室气体排放的净增长趋势显示中国有必要减缓温室气体排放。国际研究认为，要实现"把大气中温室气体浓度稳定在防止气候系统受到危险的人为干扰的水平上"的最终目标，要以中国实施大量减排为先决条件。因此，未来20—50年间，中国需要在工业化发展和温室气体减排之间进行平衡。中国的选择只能是继续化压力为动力，寻求低碳发展道路。

从技术经济特性看，发展与气候和环境友善的低碳经济，有利于中国转变经济增长方式和环境保护。低碳经济实质是高能源效率和清洁能源结构问题，核心是能源技术创新和制度创新。从这一技术经济特性看，它与中国目前正在开展的节约资源、提高效率、调整能源结构、转变经济增长方式、走新型工业化道路、降低污染排放等做法是一致的。可以相信，国际上围绕低碳经济的能源和产业新技术开发应用，无疑会有助于中国改变高消耗、高排放、低效益的社会经济发展模式，有利于缓解经济增长与资源环境之间的尖锐矛盾，促进全面建设小康社会目标的实现。特别是低碳经济发展中对传统化石能源利用的技术革新，有关激励低碳经济技术研发的政策和制度创新，对中国更有价值。

应对气候变化国家自主贡献（INDC）是在2013年《联合国气候变化框架公约》第十九次缔约方会议上提出的国家自主承诺温室气体减排承诺机制，并在

2014 年第二十次缔约方会议上得以确定，根据会议有关决议要求，由各国自主提出应对气候变化的行动目标。2015 年 2 月至 2017 年 4 月，共有 190 个经济体提交了 162 份国家自主贡献（INDC）方案，其中温室气体减排承诺是国家自主贡献（INDC）的核心内容。

2015 年《巴黎气候变化协定》提出把全球平均气温升幅控制在工业化前水平 2℃之内，并努力将气温升幅限制在工业化前水平以上 1.5℃之内，2016 年启动的 IPCC 第六次评估报告决定编写三个主题的特别报告，其中之一即为全球升温幅度达到 1.5℃的影响及温室气体排放途径。欧盟、美国等发达经济体提出了固定基年绝对量减排目标，中国提出了碳强度减排目标，以 2005 年为基准年，在 2030 年下降 60%—65%；碳排放于 2030 年左右达到峰值；在 2030 年非化石能源目标达到 20% 左右。

第三节　低碳评价方法学研究的必要性

发展低碳经济已成为中国政府政策制定的客观要求。面对全球气候变化和国内资源环境压力，国家经济政策和行业政策的制定都凸显了发展低碳经济的重要性和必要性。国家"十三五"规划明确提出"生产方式和生活方式绿色、低碳水平上升，能源资源开发利用效率大幅提高，能源和水资源消耗、建设用地、碳排放总量得到有效控制"；《国家中长期科学和技术发展规划纲要（2006—2020）》更是将能源与环境作为重点研究领域加以支持，进行节能减排，控制温室气体排放，以提升应对气候变化及全球环境公约履约能力；在科技部发布的《中国应对气候变化科技专项行动》中，更是明确提出走低碳经济发展之路。中国发展低碳经济，顺乎世界潮流、合于中国国情，是落实科学发展观、实现可持续发展的必由之路。这同全国雷厉风行地节能减排，建设资源节约型、环境友好型社会，从根本上摒弃大量消费、大量废弃的传统模式，积极推进生态文明建设，在方向上是完全一致的。

发展低碳经济是一项系统工程，低碳评价方法学更是一项由气候专家指导下的由数值模拟、数据库开发、应用软件开发等多领域、多层次人员构成的复杂系统工程。虽然当前关于能源、环境、经济的评价方法学为数不少，但在中国的研究还相当薄弱，而且随着社会经济和环境科学研究的发展，这些评价方法学的结构和参数都难以适应新的环境科学发展的需求。尤其是低碳经济提出后，国家迫切需要一个能综合反映碳排放与社会经济发展的应用技术手段，衡量国内低碳经济发展过程中存在的矛盾与问题，同时与国外低碳排放国家相比较，也迫切需要采取有效手段减缓在提升国内社会经济发展中的碳排放，从而实现社会经济持续发展与温室气体减排的有机统一。所以，中国目前庞大的发展需求和较低的技术水平预示着中国巨大的温室气体减排潜力，在发展中寻求减排、走低碳经济发展道路，是中国化解国际压力且符合国情的双赢选择。因此，通过开展低碳经济评价方法学研究，一方面，预测未来我国碳排放的增长空间，不但是中国经济发展走低碳道路的具体深化，而且也为指导社会经济发展与环境保护之间的关系提供有益参考。另一方面，通过评价方法学在减缓气候变化中的应用，使中国在需要承担温室气体减排或限排义务时，能够很好地参与国际合作和开展碳排放交易，指导中国实现温室气体减排目标。

目前国际上利用模型展开低碳经济研究的有日本"2050年日本低碳社会"，该项目始于2004年，由几个单位的60位气候变化等专家联合成立工作组，经过四年的努力，于2008年取得一系列成果，提出了"日本迈向低碳社会的行动和方案"。日本和英国合作项目"一个可持续低碳社会"，基于可持续发展，就降低全球温室气体排放在地区、国家、国际尺度上采取行动的必要性、紧迫性和可行性进行研究，成果提交给G8和G20等高级别会议。

发展低碳经济，包括实施近零碳排放区示范工程、建设零碳示范工程并不意味着经济增长的低速度，可以做到与可持续发展有机结合起来。这就需要建立"低碳经济"的社会体系，包括建立低碳能源系统、低碳技术体系和低碳产业结构，同时要求建立与低碳发展相对应的生产方式、消费模式和鼓励低碳发展的政策措施、法律体系与市场机制。也就是说，要走低碳经济的发展路径，需要形成"低碳经济"的理念，这不仅是局限于技术层面，还包括调整经济发展模式以及社会消费模式，即关键在于技术创新与制度创新。因而，在构建低碳经济模型时，如何将这种新的发展理念体现于模型中，这应该也是低碳经济模型与碳减排技术评估模型的最本质区别所在。如，低碳消费模式，或者说消费模式如何影响碳排放，这个问题是构建低碳经济评价方法学中亟待解决的主要问题之一。

第四节　国家低碳试点的任务分析

2010 年 7 月，国家发改委选取了广东、天津等 13 个地区开展低碳试点工作；2012 年 11 月，国家发改委又选择了北京、海南、上海等 29 个省市区作为第二批低碳试点地区；2017 年 1 月，国家发改委确定在乌海市等 45 个城市（区、县）开展第三批低碳城市试点。

三批低碳试点共包括 87 个省、市（区县）（见表1-2），三批低碳试点的具体任务均包括编制低碳发展规划；前两批低碳试点还包括建立低碳产业体系、建立温室气体排放数据统计和管理体系、积极倡导低碳绿色生活方式和消费模式；第二批和第三批低碳试点还提出建立控制温室气体排放目标责任制或目标考核制度。

表1-2　　　　　　　　　国家低碳试点名单（87 个）

批次	年份	名单
第 1 批 （13 个）	2010	广东省、辽宁省、湖北省、陕西省、云南省、天津市、重庆市、深圳市、厦门市、杭州市、南昌市、贵阳市、保定市
第 2 批 （29 个）	2012	北京市、上海市、海南省、石家庄市、秦皇岛市、晋城市、呼伦贝尔市、吉林市、大兴安岭地区、苏州市、淮安市、镇江市、宁波市、温州市、池州市、南平市、景德镇市、赣州市、青岛市、济源市、武汉市、广州市、桂林市、广元市、遵义市、昆明市、延安市、金昌市、乌鲁木齐市
第 3 批 （45 个）	2017	乌海市、沈阳市、大连市、朝阳市、逊克县、南京市、常州市、嘉兴市、金华市、衢州市、合肥市、淮北市、黄山市、六安市、宣城市、三明市、共青城市、吉安市、抚州市、济南市、烟台市、潍坊市、长阳土家族自治县、长沙市、株洲市、湘潭市、郴州市、中山市、柳州市、三亚市、琼中黎族苗族自治县、成都市、玉溪市、普洱市思茅区、拉萨市、安康市、兰州市、敦煌市、西宁市、银川市、吴忠市、昌吉市、伊宁市、和田市、阿拉尔市

第三批低碳试点的创新之处在于要求试点单位明确提出积极探索创新经验和做法，提高低碳发展管理能力，并要求试点单位提出碳排放峰值目标年份及低碳发展的创新重点（见表1-3）。其中碳排放峰值目标年份从 2017 年到 2030 年不等，有两个城市提出

2020 年之前达峰，一是烟台市提出 2017 年碳排放达峰，二是敦煌市提出 2019 年碳排放达峰。低碳发展的创新重点包括建立碳排放总量控制制度、创建碳中和示范工程、建立碳管理制度、探索重点单位温室气体排放直报制度、建立低碳科技创新机制、推进现代低碳农业发展机制、建立低碳与生态文明建设考评机制、建立重点耗能企业碳排放在线监测体系、完善碳排放中央管理平台等各个方面（见表 1-4）。

表 1-3　　　　　　　　　　　　　　国家低碳试点具体任务

批次	具体任务
第 1 批	（1）编制低碳发展规划。试点省和试点城市要将应对气候变化工作全面纳入本地区"十二五"规划，研究制定试点省和试点城市低碳发展规划。要开展调查研究，明确试点思路，发挥规划综合引导作用，将调整产业结构、优化能源结构、节能增效、增加碳汇等工作结合起来，明确提出本地区控制温室气体排放的行动目标、重点任务和具体措施，降低碳排放强度，积极探索低碳绿色发展模式 （2）制定支持低碳绿色发展的配套政策。试点地区要发挥应对气候变化与节能环保、新能源发展、生态建设等方面的协同效应，积极探索有利于节能减排和低碳产业发展的体制机制，实行控制温室气体排放目标责任制，探索有效的政府引导和经济激励政策，研究运用市场机制推动控制温室气体排放目标的落实 （3）加快建立以低碳排放为特征的产业体系。试点地区要结合当地产业特色和发展战略，加快低碳技术创新，推进低碳技术研发、示范和产业化，积极运用低碳技术改造提升传统产业，加快发展低碳建筑、低碳交通，培育壮大节能环保、新能源等战略性新兴产业。同时要密切跟踪低碳领域技术进步最新进展，积极推动技术引进消化吸收再创新或与国外的联合研发 （4）建立温室气体排放数据统计和管理体系。试点地区要加强温室气体排放统计工作，建立完整的数据收集和核算系统，加强能力建设，提供机构和人员保障 （5）积极倡导低碳绿色生活方式和消费模式。试点地区要举办面向各级、各部门领导干部的培训活动，提高决策、执行等环节对气候变化问题的重视程度和认识水平。大力开展宣传教育普及活动，鼓励低碳生活方式和行为，推广使用低碳产品，弘扬低碳生活理念，推动全民广泛参与和自觉行动

批次	具体任务
第2批	(1) 明确工作方向和原则要求。要把全面协调可持续作为开展低碳试点的根本要求,以全面落实经济建设、政治建设、文化建设、社会建设、生态文明建设五位一体总体布局为原则,进一步协调资源、能源、环境、发展与改善人民生活的关系,合理调整空间布局,积极创新体制机制,不断完善政策措施,加快形成绿色低碳发展的新格局,开创生态文明建设新局面 (2) 编制低碳发展规划。要结合本地区自然条件、资源禀赋和经济基础等方面情况,积极探索适合本地区的低碳绿色发展模式。发挥规划综合引导作用,将调整产业结构、优化能源结构、节能增效、增加碳汇等工作结合起来。将低碳发展理念融入城市交通规划、土地利用规划等相关规划中 (3) 建立以低碳、绿色、环保、循环为特征的低碳产业体系。要结合本地区产业特色和发展战略,加快低碳技术研示范和推广应用。推广绿色节能建筑,建设低碳交通网络。大力发展低碳的战略性新兴产业和现代服务业 (4) 建立温室气体排放数据统计和管理体系。要编制本地区温室气体排放清单,加强温室气体排放统计工作,建立完整的数据收集和核算系统,加强能力建设,为制定地区温室气体减排政策提供依据 (5) 建立控制温室气体排放目标责任制。要结合本地实际,确立科学合理的碳排放控制目标,并将减排任务分配到所辖行政区以及重点企业。制定本地区碳排放指标分解和考核办法,对各考核责任主体的减排任务完成情况开展跟踪评估和考核 (6) 积极倡导低碳绿色生活方式和消费模式。要推动个人和家庭践行绿色低碳生活理念。引导适度消费,抑制不合理消费,减少一次性用品使用。推广使用低碳产品,拓宽低碳产品销售渠道。引导低碳住房需求模式。倡导公共交通、共乘交通、自行车、步行等低碳出行方式
第3批	(1) 明确目标和原则。结合本地区自然条件、资源禀赋和经济基础等方面情况,积极探索适合本地区的低碳绿色发展模式和发展路径,加快建立以低碳为特征的工业、能源、建筑、交通等产业体系和低碳生活方式 (2) 编制低碳发展规划。根据试点工作方案提出的碳排放峰值目标及试点建设目标,编制低碳发展规划,并将低碳发展纳入本地区国民经济和社会发展年度计划和政府重点工作。发挥规划的综合引导作用,统筹调整产业结构、优化能源结构、节能降耗、增加碳汇等工作,并将低碳发展理念融入城镇化建设和管理中 (3) 建立控制温室气体排放目标考核制度。将减排任务分配到所辖行政区以及重点企业。制定本地区碳排放指标分解和考核办法,对各考核责任主体的减排任务完成情况开展跟踪评估和考核 (4) 积极探索创新经验和做法。以先行先试为契机,体现试点的先进性,结合本地实际积极探索制度创新,按照低碳理念规划建设城市交通、能源、供排水、供热、污水、垃圾处理等基础设施,制定出台促进低碳发展的产业政策、财税政策和技术推广政策,为全国低碳发展发挥示范带头作用 (5) 提高低碳发展管理能力。完善低碳发展的组织机构,建立工作协调机制,编制本地区温室气体排放清单,建立温室气体排放数据的统计、监测与核算体系,加强低碳发展能力建设和人才队伍建设

表 1 - 4　　第三批低碳城市试点名单及峰值目标、创新重点

省份	序号	城市	峰值年	创新重点
内蒙古	1	乌海市	2025	1. 建立碳管理制度 2. 探索重点单位温室气体排放直报制度 3. 建立低碳科技创新机制 4. 推进现代低碳农业发展机制 5. 建立低碳与生态文明建设考评机制
辽宁	2	沈阳市	2027	1. 建立重点耗能企业碳排放在线监测体系 2. 完善碳排放中央管理平台
	3	大连市	2025	1. 制定推广低碳产品认证评价技术标准 2. 建立"碳标识"制度 3. 建立绿色低碳供应链制度
	4	朝阳市	2025	1. 建立碳排放总量控制制度 2. 建立低碳交通运行体系
黑龙江	5	逊克县	2024	1. 探索低碳农业发展模式和支撑体系
江苏	6	南京市	2022	1. 建立碳排放总量和强度"双控"制度 2. 建立碳排放权有偿使用制度 3. 建立低碳综合管理体系
	7	常州市	2023	1. 建立碳排放总量控制制度 2. 建立低碳示范企业创建制度 3. 建立促进绿色建筑发展及技术推广的机制
浙江	8	嘉兴市	2023	1. 探索低碳发展多领域协同制度创新
	9	金华市	2020 左右	1. 探索重点耗能企业减排目标责任评估制度
	10	衢州市	2022	1. 建立碳生产力评价考核机制 2. 探索区域碳评和项目碳排放准入机制 3. 建立光伏扶贫创新模式与机制
安徽	11	合肥市	2024	1. 建立碳数据管理制度 2. 探索低碳产品和技术推广制度
	12	淮北市	2025	1. 建立新增项目碳核准准入机制 2. 建立评估机制和目标考核机制 3. 建立节能减碳监督管理机制 4. 探索碳金融制度创新 5. 推进低碳关键技术创新
	13	黄山市	2020	1. 实施总量控制和分解落实机制 2. 发展"低碳 + 智慧旅游"特色产业
	14	六安市	2030	1. 开展低碳发展绩效评价考核 2. 健全绿色低碳和生态保护市场体系
	15	宣城市	2025	1. 探索低碳技术和产品推广制度创新

续表

省份	序号	城市	峰值年	创新重点
福建	16	三明市	2027	1. 建立碳数据管理机制 2. 探索森林碳汇补偿机制
江西	17	共青城市	2027	1. 建立低碳城市规划制度
	18	吉安市	2023	1. 探索在农村创建低碳社区及碳中和示范工程
	19	抚州市	2026	1. 在资溪县创建碳中和示范区工程
山东	20	济南市	2025	1. 探索碳排放数据管理制度 2. 探索碳排放总量控制制度 3. 探索重大项目碳评价制度
	21	烟台市	2017	1. 探索碳排放总量控制制度 2. 探索固定资产投资项目碳排放评价制度 3. 制定低碳技术推广目录
	22	潍坊市	2025	1. 建立"四碳合一"制度 2. 建设碳数据信息平台
湖北	23	长阳土家族自治县	2023	1. 在清江画廊旅游区、长阳创新产业园、龙舟坪郑家榜村创建碳中和示范工程
湖南	24	长沙市	2025	1. 推进试点"三协同"发展机制 2. 建立碳积分制度
	25	株洲市	2025	1. 推进城区老工业基地低碳转型 2. 创建城市低碳智慧交通体系
	26	湘潭市	2028	1. 探索老工业基地城市低碳转型示范
	27	郴州市	2027	1. 建设绿色金融体系
广东	28	中山市	2023—2025	1. 深化碳普惠制度体系
广西	29	柳州市	2026	1. 建立跨部门协同的碳数据管理制度 2. 建立碳排放总量控制制度 3. 建立温室气体清单编制常态化工作机制
海南	30	三亚市	2025	1. 选择独立小岛区域创建碳中和示范工程
	31	琼中黎族苗族自治县	2025	1. 建立低碳乡村旅游开发模式 2. 探索低碳扶贫模式和制度
四川	32	成都市	2025 之前	1. 实施"碳惠天府"计划 2. 探索碳排放达峰追踪制度
云南	33	玉溪市	2028	1. 建立重点企业排放数据报送监督与分析预警机制 2. 制定园区/社区排放数据的统计分析工作规范
	34	普洱市思茅区	2025 之前	1. 建设温室气体排放基础数据统计管理体系

续表

省份	序号	城市	峰值年	创新重点
西藏	35	拉萨市	2024	1. 创建碳中和示范工程
陕西	36	安康市	2028	1. 试点实施"多规合一" 2. 建立碳汇生态补偿机制 3. 建立低碳产业扶贫机制
甘肃	37	兰州市	2025	1. 探索多领域协同共建低碳城市 2. 建设跨部门发展和工作管理平台
甘肃	38	敦煌市	2019	1. 全面建设碳中和示范工程
青海	39	西宁市	2025	1. 建立居民生活碳积分制度
宁夏	40	银川市	2025	1. 健全低碳技术与产品推广的优惠政策和激励机制 2. 推进低碳技术与产品平台建设 3. 建立发掘、评价、推广低碳产品和低碳技术的机制
宁夏	41	吴忠市	2020	1. 在金积工业园区创建碳中和示范工程
新疆	42	昌吉市	2025	1. 创建碳排放总量控制联动机制 2. 建设碳排放数据管理平台和数据库 3. 建立固定资产投资碳排放评价制度
新疆	43	伊宁市	2021	1. 开展政府部门低碳绿色示范 2. 探索创建低碳技术推广服务平台 3. 建立碳汇补偿机制
新疆	44	和田市	2025	1. 建立碳排放总量控制制度 2. 建立企业碳排放总量考评管理制度 3. 建立重大建设项目碳评制度 4. 创建碳排放管理综合服务平台
新疆生产建设兵团	45	第一师阿拉尔市	2025	1. 探索总量控制和碳数据管理制度 2. 推广低碳产品和技术 3. 探索新建项目碳评估制度

第二章 低碳经济的概念辨识与要素分析

由人为温室气体排放所引起的全球变暖问题日益引起国际社会的广泛关注。从《联合国气候变化框架公约》签署到《京都议定书》生效，再到后京都谈判艰难上路，关于发展权与排放权的讨论不断升级，也催生了低碳经济理念。虽然低碳经济发展道路在国际上越来越受到关注，但何为低碳经济，如何从传统的依赖化石能源的高碳排放经济走向低碳经济形态，需要从低碳经济的概念、内涵和实现路径等方面进行深入分析。作为世界温室气体排放大国和最大的发展中国家，中国应该寻找一条低碳发展之路，以便在保障社会经济发展的前提下参与全球减排行动。

第一节 低碳经济的概念及其内涵

低碳经济是在气候变化背景下产生的。科学证据显示，由人类活动引起的全球气候变化已是一个不争的事实。针对气候变化对各国可持续发展带来的挑战，在国际气候制度层面，国际社会建立了《联合国气候变化框架公约》及《京都议定书》等相关机制，确认了"共同但有区别责任"的原则，合作应对气候变化问题。在国内政策层面，许多国家已经积极展开减排行动，认识到必须扭转传统经济体系对于化石能源的高度依赖，在低碳排放的前提下实现可持续发展。

虽然低碳经济的术语在 20 世纪 90 年代后期的文献①中就曾出现，但其首次出现在官方文件是 2003 年 2 月 24 日由英国时任首相布莱尔发表的《我们未来的能源——创建低碳经济》的白皮书。英国在其《能源白皮书》中指出，英国将在 2050 年将其温室气体排放量在 1990 年水平上减排 60%，从根本上把英国变成一个低碳经济的国家。② 2006 年 10 月，由英国政府推出、前世界银行首席经济学家尼古拉斯·斯特恩牵头的《斯特恩报告》（*Stern Review*）指出，全球以每年 GDP 1% 的投入，可以避免将来每年 GDP 5%—20% 的损失，

① Ann P. Kinzig and Daniel M. Kammen，"National Trajectories of Carbon Emissions：Analysis of Proposals to Foster the Transition to Low – carbon Economies"，*Global Environmental Change*，Vol. 8，No. 3，183 – 208，1998.

② DTI（Department of Trade and Industry），*Energy White Paper*：*Our Energy Future—Create a Low Carbon Economy*. London：TSO，2003.

呼吁全球向低碳经济转型。[①] 2007 年政府间气候变化专门委员会（IPCC）第四次评估报告发布以后，其所包含的科学结论已经不容否认地成为了当今国际社会的主流话语：人类必须一致行动应对气候变化带来的挑战，越早采取行动越经济可行。IPCC 报告特别指出，全球未来温室气体的排放取决于发展路径的选择。随着"巴厘路线图"的达成，应对气候变化国际行动不断走向深入，低碳经济发展道路在国际上越来越受到关注。联合国环境规划署把 2008 年世界环境日的主题定为"戒除嗜好！面向低碳经济"，希望低碳经济理念能够迅速成为各级决策者的共识。

低碳经济概念引发了各国以低碳发展应对气候变化的信心和兴趣。2007 年英国出台的《气候变化战略框架》进一步提出了全球低碳经济的远景设想，指出低碳经济的巨大影响可以与第一次工业革命相媲美。日本提出将充分利用能源和环境方面的高新技术，把日本打造成为全球第一个"低碳社会"。美国虽然在气候变化问题上一直态度消极，但美国一直强调通过技术途径解决气候变化问题。2007 年 7 月美国参议院提交到美国国会的法律草案中就包括一项"低碳经济法案"，表明低碳经济的发展道路有望成为美国未来的

---

① Stern Nicolars, *Stern Review on the Economics of Climate Change*, Cambridge University Press, 2007.

重要战略选择。与此同时，各国各级政府提出了无数的低碳举措，企业领导人也在积极行动。今天的问题不再是向低碳经济转型是否必须，而是如何迅速并且在什么规模促进向低碳经济转型。

英国虽然提出了低碳经济概念，但并没有给出明确界定。对于低碳经济是一种经济形态，还是一种发展模式，或是二者兼而有之，学术界和决策者尚未有明确共识。2008年，时任国家环境保护部部长周生贤指出："低碳经济是以低耗能、低排放、低污染为基础的经济模式，是人类社会继原始文明、农业文明、工业文明之后的又一大进步。其实质是提高能源利用效率和创建清洁能源结构，核心是技术创新、制度创新和发展观的转变。发展低碳经济，是一场涉及生产模式、生活方式、价值观念和国家权益的全球性革命。"[①] 中国社会科学院庄贵阳利用碳排放弹性作为脱钩指标，分析了全球20个主要温室气体排放大国在不同发展阶段人均收入和温室气体排放增长之间的脱钩特征，指出全球向低碳经济转型具有阶段性特征。[②] 中国环境与发展国际合作委员会（CCICED）报告指出："低碳经济是一种后工业化社会出现的经济形态，旨在

---

① 见周生贤部长为《低碳经济论》一书作的序言。张坤民、潘家华、崔大鹏主编，中国环境科学出版社2008年版。

② 庄贵阳：《低碳经济：气候变化背景下中国的发展之路》，气象出版社2007年版。

将温室气体排放降低到一定的水平，以防止各国及其国民受到气候变暖的不利影响，并最终保障可持续的全球人居环境。"[1][2] 英国外交部自 2003 年以来开展的"战略方案基金"（Strategic Programme Fund，先前称之为"环球机遇基金"）的目标之一就是促进全球经济的低碳高增长（Low Carbon – High Growth）。[3] 这在某种程度上可以看作是英国政府对低碳经济的理解。

实际上，上述概念都部分地把握到了低碳经济的核心特征，即"低碳排放"和"阶段性特征"，并且都指出了低碳经济的目标是为了应对能源、环境和气候变化挑战，低碳经济的实现途径是技术创新、提高能效和能源结构的清洁化，等等。但是，上述概念也存在着不足之处：一方面，对于低碳排放的含义及其与实现人文发展目标的关系未作具体深入的阐释；另一方面，对于低碳经济的内在驱动力未作深入剖析。要清晰界定低碳经济的内涵，将低碳经济形态与其他经济形态区别开来，需要进一步明确几个核心概念，即：低碳排放（Low Carbon Emissions），低碳化（Decar-

---

① Gordon Conway, "Perspectives on a Low Carbon Economy?" presentation at the second meeting of the CCICED task force on a Low Carbon Economy for China, Stockholm, September 23, 2008.

② 中国环境与发展国际合作委员会（CCICED），《低碳经济的国际经验和中国实践》研究报告，2008 年 12 月。

③ 见英国驻华使馆的相关信息（http：//ukinchina. fco. gov. uk/zh/working – with – china/spf/）。

bonization）和碳生产力（Carbon Productivity）。

目前，在国际气候制度和气候变化的学术研究中，对"低碳排放"的理解有不同的角度，一是基于国际公平原则，从国家总量上承担减排义务，因此低碳排放应当是一国排放总量的绝对减少；二是基于人际公平原则，认为碳排放是国家或个人实现人文发展的基本权利之一，主张降低发达国家的奢侈浪费碳排放，保障发展中国家满足基本需求的碳排放；三是基于资源投入与产出的成本效益原则，将碳作为一种隐含在能源和物质产品中的要素投入，衡量一个经济体消耗单位碳资源所带来的相应产出，即：如果温室气体排放量的增加小于经济产出的增量，则可称之为低碳排放。可以看出，上述视角各有侧重，在界定低碳经济概念时需要予以明确。

上述有关低碳经济的概念讨论表明，低碳并不是目的，而只是手段，重要的是要保障人文发展目标的实现。在农业社会，几乎没有化石能源的消费和碳排放，社会生产力并不高，但单位碳排放的经济产出可能非常高。由于社会发展水平整体低下，显然不是人类社会发展进程中所寻求的低碳经济。然而工业化进程消耗了大量化石能源，排放大量温室气体，虽然积累了大量的物质财富，但对人类长远未来可能带来灾难性的后果，也不是我们所追求的目标。

　　研究认为，低碳经济是指碳生产力和人文发展均达到一定水平的一种经济形态，旨在实现控制温室气体排放的全球共同愿景（Global Shared Vision）。[①] 碳生产力指的是单位 CO_2 排放所产出的 GDP，碳生产力的提高意味着用更少的物质和能源消耗产生出更多的社会财富。人文发展（Human Development）意味着在经济能力、健康、教育、生态保护、社会公平等人文尺度（Human Dimensions）上实现经济发展和社会进步。[②] 这一概念的特点在于，一方面对于人文发展施加了碳排放的约束，另一方面强调碳排放约束不能损害人文发展目标，其解决途径便是通过技术进步和节能等手段提高碳生产力。这一概念并未刻意区分绝对或相对的低碳排放，但是，从短期来看，可以在不改变其能源结构和产业结构的前提下，提高能源利用效率和碳产出效率，实现相对的低碳排放；从长期来看，技术进步能够借助清洁能源替代、低碳技术应用等手段实现一国碳排放总量的绝对下降。

　　实际上，对于低碳经济概念认识上的分歧，也存

---

　　① 共同愿景（Shared Vision）是《巴厘行动计划》在公约长期合作行动中列出的要素之一，也是当前国际气候谈判中一项重要议题。共同愿景的核心是 2050 年的长期减排目标。2008 年八国集团首脑会议已经就到 2050 年全球减排至少 50% 达成一致。

　　② 潘家华、郑艳：《碳排放与发展权益》，《世界环境》2008 年第 5 期。

在对低碳经济和低碳发展概念的混淆使用现象，其实两者是有机统一的互补关系。低碳经济是一种经济形态，而向低碳经济转型的过程就是低碳发展的过程，目标是低碳高增长，强调的是发展模式。低碳经济通过技术跨越式发展和制度约束得以实现，表现为能源效率的提高、能源结构的优化以及消费行为的理性。低碳经济的竞争表现为低碳技术的竞争，着眼点是低碳产品和低碳产业的长期竞争力。

低碳发展对于不同国家具有不同的含义。我们认为，作为低碳发展的核心内涵，低碳排放可以是相对意义上的，也可以是绝对意义上的，关键是区分发展阶段和减排义务。对于发展中国家而言，因为人文发展的基本需要尚未得到满足，因此在经济总量增加的同时促进碳排放的相对下降就可被视为低碳发展；对于已经实现高人文发展目标的发达国家而言，面对未来日益有限的全球排放空间，应当履行减排义务，在维持高人文发展水平的前提下，实现碳排放总量的绝对降低。

在认识低碳经济问题上，必须澄清一些认识上的误区。① 第一，低碳经济不等于贫困经济，低碳不等于贫困，低碳经济的目标是低碳高增长。第二，发展低

---

① 庄贵阳：《由"表"及"里"认识低碳经济》，《经济日报》2009 年 1 月 7 日。

碳经济不会限制高能耗产业的引进和发展，只要这些产业的技术水平在行业领先，就符合低碳经济发展需求。第三，低碳经济并不一定成本很高。减少温室气体排放的很大一部分潜力是负成本的，并不需要成本很高的技术，但需要克服一些行为转变和政策障碍。第四，低碳经济并不是未来需要做的事情。研究已经表明，延迟行动，将带来更大的成本损失。第五，发展低碳经济并不是与我无关的事情。防范全球变暖，需要国际合作，关乎地球上每个国家（地区）和每一个人，关乎企业责任。

低碳经济与循环经济、绿色经济、生态经济具有共性，强调环境友好、资源节约、生态平衡，但也有区别。循环经济强调的是物质的循环利用、清洁生产、能源的尽量利用、废物减量，从而对环境和自然资源的消耗降到最低限度；生态经济与循环经济的概念较为类似，强调生产过程的生态化设计和管理，从而减少外界的物质与能量输入，实现自我良性循环，避免对外界的不利影响；绿色经济强调环境友善，污染得到控制，环境得到修复，空气清新，水源洁净，生活环境绿色。低碳经济强调的是碳的约束，无论是生产还是消费，要求削减碳排放[①]。

---

① 潘家华：《走低碳之路，提高国际竞争力》，《人民日报》2010年4月12日。

第二节 低碳经济的核心要素

根据以上低碳经济的定义，低碳经济目标不可避免地要与全球控制温室气体排放的国际努力联系在一起。无可争议的是，成功的气候变化行动计划必须支持两方面的目标：稳定大气中的温室气体浓度并保持经济的增长。低碳经济与发展阶段、资源禀赋、消费模式和技术水平等驱动因素密切相关，并且通过低碳化（Decarbonization）进程得以实现。最初对低碳化概念的解读主要基于能源技术发展的角度，认为低碳化指的是降低化石能源生产或消费过程中导致的 CO_2 排放；或单位能源生产过程中每千焦耳热量产生的碳（克数）下降。因此，从技术进步的长期进程来看，低碳化就意味着能源消费与碳排放的比值，即初级能源的 CO_2 强度不断降低的过程。也就是说，当未来某个时期的碳排放小于基期值时，则可称之为低碳化。也有学者提出如果单位 GDP 的碳排放强度在未来某一时期小于基期值，则可视之为低碳化。该指标与碳生产力互为倒数，是从社会经济角度探讨低碳化的含义，暗含了新科技的发展趋势将是更高的生产力和更少的环境压力，由于将物质生产过程与社会经济过程连接起来，使得该指标更能反映社会经济的发展，也更容易应用。可见，低碳经济指的是一种经济形态，这种经济形态需要借助低碳化的发展模式来实现。低碳化具有两方面的含义，一是能源消费的碳排放的比重不断下降，即能源结构的清洁化，这取决于资源禀赋，也取决于资金和技术能力；二是单位产出所需要的能源消耗不断下降，即能源利用效率不断提高。从社会经济发展的长期趋势来看，由于技术进步、能源结构优化和采取节能措施，碳生产力也在不断提高。因此，低碳化进程也就是碳生产力不断提高的过程。

据麦肯锡全球研究所（MGI）与麦肯锡公司全球变化特别计划的研究表明，要满足到 2050 年将大气中 CO_2 浓度控制在 500ppmv 浓度范围内的目标，碳生产力（Carbon Productivity）必须从目前每吨 CO_{2e} 产出约 740 美元 GDP 增长到 2050 年每吨 CO_{2e} 能产出 7300 美元的 GDP 产值，这个值大约是要增长 10 倍。为了提高碳生产力，必须确定并抓住经济发展中以最小的成本代价来实现碳减排的机遇。[1]《布莱尔报告》[2] 引用麦肯锡全球研究所的结果，给出全球向低碳经济转型

---

[1] Beinhocker et al. , "The Carbon Productivity Challenge: Curbing Climate Change and Sustainable Economic Growth", Mckinsey Global Institute, June 2008 (www. mckinsey. com/mgi).

[2] 托尼·布莱尔（Tony Blair）:《打破气候变化僵局：构建低碳未来的全球协议》（*Breaking the Climate Deadlock: A Global Deal for our Low - carbon Future*），呈送给北海道八国集团首脑会议的报告，2008 年 6 月。

的六个途径①，并指出碳生产力提高 10 倍要求全球经济增长模式有根本性的转变，要求有新技术的发展与部署、产生新的投资、新的基础设施以及人们决策观念、实践以及行为的变化等。技术的革新在生产力提高中起着关键的作用，但政治、制度、文化环境等对技术发展起着保障与推动作用的因素也十分重要。但是，碳生产力高并不表明必然是一种低碳经济。这是因为，奢侈和浪费性的消费，完全可以抵消碳生产力的改进，使得社会总排放居高不下。一个显然的例子是，发达国家的碳生产力远高于发展中国家，但其排放水平也数倍于发展中国家的人均水平。这就表明我们讨论低碳经济时绝不可忽略消费因素的影响。

根据前述概念解析，低碳经济应该包含四个核心要素：发展阶段、低碳技术、消费模式、资源禀赋。其中生产过程的低碳化、能源结构的低碳化和消费模式的低碳化都与发展阶段密切相关。低碳经济可用如下概念模型：

$$LCE = f(E, R, T, C)$$

---

① 一是终端能源效率机遇；二是能源供给的清洁化（Decarbonization）；三是促进新技术的发展与应用；四是减少交通领域的排放；五是改变管理者与决策者的态度与行为；六是保护并不断扩大全球碳汇。

其中，E 代表经济发展阶段，主要体现在产业结构、人均收入和城市化等方面；R 代表资源禀赋，包括传统化石能源、可再生能源、核能、碳汇资源等。显然，此处的资源不仅是自然资源，也包含人力资源，没有人力和资本的投入，可再生能源、核能等不可能得到高效利用；T 代表技术因素，指主要能耗产品和工艺的碳效率水平，通常情况下，技术水平是发展阶段的产物，但对低碳经济来说不一定如此，一些国家可以利用先进的低碳技术，超越许多发达国家经历过的先污染后治理的传统发展阶段，实现跨越式的低碳发展；C 代表消费模式，主要指不同消费习惯和生活质量对碳的需求或排放。

（1）资源禀赋

资源禀赋是实现低碳经济的物质基础。资源禀赋涉及广泛的内容，包括：矿产资源、可再生能源、土地资源、劳动力资源，以及资金和技术资源等，都是发展低碳经济的重要投入要素。其中，与低碳经济关系最为密切的是低碳资源，包括太阳能、风能、水力资源及核能等零排放的清洁能源；能够提供碳汇①的森

---

① 根据 IPCC 的定义，碳汇一般是指从空气中清除二氧化碳的过程、活动、机制。在林业中主要是指植物吸收大气中的二氧化碳并将其固定在植被或土壤中，从而减少该气体在大气中的浓度。森林是陆地生态系统中最大的碳储库，在全球碳循环过程中起着重要作用。研究表明，每增加1%的森林覆盖率，便可以从大气中吸收固定 0.6 亿—7.1 亿吨碳。

林资源、湿地、农田，等等。此外，还应当包括能够调节大气和水文循环、影响人居环境的气候资源和生态资源。自然地理条件是否宜居，会影响到居民衣食住行及社会经济对能源的依赖程度。可见，低碳资源是否丰富，对于低碳发展具有非常积极的促进作用。

（2）技术进步

技术进步因素对低碳经济的影响至关重要。技术进步能够从不同角度推动低碳化的进程，包括：能源效率、低碳技术发展水平（如碳捕获技术等）、管理效率、能源结构等。一般所说的低碳技术主要针对电力、交通、建筑、冶金、化工、石化、汽车等重点能耗部门，既包括对现有技术的应用，近期可商业化的技术，也包括远期可能应用的技术。例如，从现阶段来看，能源部门的低碳技术涉及节能、煤的清洁高效利用、油气资源和煤层气的勘探开发、可再生能源及新能源利用技术、二氧化碳捕获与埋存等领域的减排新技术。以中国为例，近年来中国风电发展迅速，一方面得益于《可再生能源法》和《中国可再生能源发展中长期规划》的实施，另一方面也得益于清洁发展机制（CDM）项目实施带来了国外先进的风电技术引进。此外，碳捕获技术（CCS）也被认为是中国实现技术蛙跳效应，促进发展和减排目标协同实现的一个捷径。《斯特恩报告》预测，到2050年，CCS可为降低全球二氧化碳排放做出 20% 的贡献，而能效提高技术对减排的贡献可能达到 50% 以上。

基于发达国家低碳发展经验，合理配置国家或区域的低碳科技资源，有效地选择本国或区域低碳科技发展战略和确定低碳重点发展领域，开展技术预见的低碳关键技术选择是解决问题的核心手段。因此，必须加快研究制定国家低碳经济发展战略，大力发展低碳经济，注重提高低碳技术与产品开发的自主创新能力。重大社会问题所反映出的技术的影响、资源节约和循环利用、人口健康和生活质量的提高、人与自然环境的友好相处等，这些都是开展技术预见遴选关键技术和提供政策建议的重要视角。通过技术预见，低碳的关键技术战略选择主要包括：低碳产品创新，即开发各种能节约原材料和能源、少用昂贵和稀缺资源的产品，并且在使用过程中以及在使用后不危害或少危害人体健康和生态环境的产品，以及易于回收、复用和再生的产品；低碳工艺创新，包括减少生产过程中污染产生的清洁工艺技术和减少已产生污染物排放的末端治理技术两方面。低碳的关键技术选择与创新，也是一种新的生产方式选择，既包括清洁生产、无公害生产等生产活动，也包括低碳工艺和低碳生产与制造等创新内容。

（3）消费模式

一切社会经济活动最终都要体现为现实或未来的

消费活动，因而一切能源消耗及其排放在根本上都是
受到全社会各种消费活动的驱动。研究表明，由于发
展水平、自然条件、生活方式等多方面的差异，不同
国家居民消费产生的能源消耗和碳排放具有较大的差
异。根据对 1990 年代以来各国消费排放的测算，美国
家庭部门的消费排放占到总排放的 80% 以上；①　韩国
家庭部门总能耗占到全国初级能源消费的 52% ；②　印
度家庭部门的直接与间接能耗平均占到全国能源消耗
的 75% ；③　中国城市居民消耗的能源占到全部能耗的
71% 。④　实际上，消费排放除了受到自然气候条件、人
均收入水平、文化习俗、资源禀赋的影响之外，消费
模式和行为习惯对于排放的影响不可小觑。例如，美
国和英国等欧盟国家人均 GDP 均超过了 3 万美元，在
消费排放上却存在较大差距。以家庭部门的交通排放

---

①　Shui Bin, Hadi Dowlatabadi, "Consumer Lifestyle Approach to US Energy Use and the Related CO_2 Emissions", *Energy Policy*, Vol. 33, No. 2, pp. 197 – 208, 2005.

②　Hi – Chun Parka, Eunnyeong Heob, "The Direct and Indirect Household Energy Requirements in the Republic of Korea from 1980 to 2000—an Input – output Analysis", *Energy Policy*, Vol. 35, No. 5, pp. 2839 – 2851, 2007.

③　Shonali Pachauri, Daniel Spreng, "Direct and Indirect Energy Requirements of Households in India", *Energy Policy*, Vol. 30, No. 6, pp. 511 – 523, 2002.

④　Qiao – Mei Liang, Ying Fan, Yi – Ming Wei, "Multi – regional Input – output Model for Regional Energy Requirements and CO2 Emissions in China", *Energy Policy*, Vol. 35, No. 3, pp. 1685 – 1700, 2007.

为例，由于对私人汽车的依赖，美国家庭人均出行排放约 4 吨左右，是其他国家的两倍。[①] 此外，全球化导致的生产与消费活动的分离，使得一国真实的消费排放被国际贸易中的转移排放问题所掩盖。[②] 假定各国碳排放强度相同，则一国消费的对外依赖度越高，消费导致的碳排放也越多。因此，从消费侧而非生产侧角度，探讨一国国民实际消费导致的碳排放，有助于采取更加公平的视角从源头上推动低碳发展。

消费决定生活质量和福利水平，包括消费水平的消费模式两个方面。一般说来，消费水平是由收入水平或购买力确定的。例如耐用消费品的购买和使用。由于中国农村居民的收入水平偏低，只有城市居民的 1/3，农村家庭的家用电器如冰箱、空调机只有城市的 1/5—1/20。这不仅是因为这些电器的初期投入成本高，而且其使用也需要消耗能源，也涉及费用。所以一般收入低的家庭，即使是在城市，多是没有经济能力购买和使用中高档家用电器。农村能源的商品化进程也说明这一问题，对于收入低的贫困地区，农村居民多依赖农作物秸秆和薪材等生物质能来做饭取暖，而在农业生产水平较高的农村地区，农民则购买非碳

---

① OECD/IEA, Worldwide Trends in Energy Use and Efficiency – Key Insights from IEA Indicator Analysis，2008.

② 陈迎、潘家华、谢来辉：《中国外贸进出口商品中的内涵能源及其政策含义》，《经济研究》2008 年第 7 期。

能源，采用电照明。而在经济较为发达的城市近郊区和农业工业化程度较高的农村地区，液化气等商品能源的使用较为普遍。一定的生活质量水平，需要一定的能源消费水平保证。

　　消费模式也与购买力水平有关，只有收入高者才可能有奢侈性消费，收入偏低预算约束大者等选择经济性消费。经济学中的价格歧视，便是要区分不同的购买力水平。例如同是高档的耐用消费品汽车，可以有较低价位的经济型、中等价位的舒适型和高价位的豪华型。除收入水平外，决定消费模式的因素还包括宗教文化和消费者行为偏好。伊斯兰教地区的食品是清真的，在印度教徒集中的地方，没有牛肉供给。环境保护主义者拒绝和反对食用野生和濒危动物食品，绿色运动的倡导者多选择绿色食品。有的消费行为与个人意识有关。例如在美国，消费者追求自由个性，因而公共交通不发达，而以私人汽车为主要交通工具。中国的收入水平远不如欧洲和日本，但中国市场上的小汽车多为大排放量的，而且体形偏大。其中一个主要原因，就是在中国汽车是一种身份地位的标志，要买就买好的，高档的。因而欧洲和日本盛行的排气量适中的小型车在中国的市场销售并不好。绿色消费追求自由与个性特征等，显然与市场价格关系不是十分密切。绿色食品比常规食品的价格要高，大排气量的汽车不仅价位高，而且油量消耗高，从经济性上讲并不合算。

如果说发展中国家，总体汽车占用量小，消费仍处于较低水平的话，那么，欧洲与美国在汽车占有量上的差异主要是因消费者行为使然。然而，不论是消费水平的提高，还是消费模式的选择偏好，均代表生活质量的改进与经济发展和社会进步在现阶段的目的相吻合的。我们需要增加消费改进社会偏好及水平，这目标与人口和经济因子一样，不宜加以调控减少碳排放。但对于消费偏好，社会应是可以有所作为的，通过改变消费者行为偏好来降低能耗从而减少温室气体排放。

（4）经济发展阶段

经济发展到一定程度，社会财富的累积效应能够在两个方面促进低碳经济的发展：一是知识和技术的积累导致的低碳技术进步；二是对经济资本存量累积的需要大大减小，可以将较多的能源消耗用于服务业，提升国民的消费水平。尽管各国碳排放的驱动因素有所差异，但是就发展阶段而言，不外乎是由消费和生产两种因素决定的。简言之，发达国家主要是后工业化时代的消费型社会所带动的碳排放，而发展中国家主要是生产投资和基础设施投入带动的资本存量累积的碳排放。例如，英国、美国、德国等发达国家的经济存量比较大，数百年经济增长所带来的物质存量（表现为店堂馆所、堤坝、公路、房屋等一些公共设施）仍然为现在的民众所享用。因此，这些国家能够以2%左右的经济年均增长率，维持国民较高的生活消费水平，其原因就在于，其国民财富的增长中用于存量投资的部分很少，大部分的能源投入都用于服务业和居民消费领域。但是中国这样的发展中国家，正处于经济发展的存量积累阶段，经济持续高增长是为了弥补基础设施等资本存量的不足，只有在实物资本存量累积到一定程度，人文发展水平才能随之提升，而在此之前，维持经济快速增长的资源和能源消耗都难以在短时间内得以降低。

因此，经济发展阶段是一个国家向低碳经济转型的起点和背景。发达国家已经实现了高人文发展的目标，而发展中国家必须实现低碳转型和人文发展的双重目标，这必将增加发展中国家实现低碳转型的难度。目前，欧盟国家由于人口增长缓慢，加之采取了积极的措施进行减排，排放略呈下降趋势；美国、澳大利亚、加拿大等国的人口和经济仍在增长，经济对外扩张趋势较为明显，排放还在持续增加。发展中国家人口增长较快，基本需求仍未满足，未来排放必然要继续增长。由于处于不同历史阶段，使得各国在走向低碳经济时面临的问题也有所不同，相应的政策措施、路径选择和减排成本也会有所不同。

全球气候变化是一个内容非常广泛的研究领域。国际学术界对气候变化问题的广泛关注可以说是从 1988 年世界气象组织（WMO）和联合国环境规划署（UNEP）共同成立政府间气候变化专门委员会（IPCC）开始。作为气候变化问题的科学评估和咨询机构，IPCC 分别于 1990、1995、2001、2007、2013 年发布五次评估报告。这些报告已经成为国际社会认识和了解气候变化问题的主要科学依据，为国际气候保护进程，尤其是《联合国气候变化框架公约》和《京都议定书》的签署与生效起到了重要的推动作用。

2003 年英国发表《能源白皮书》以后，低碳经济概念逐渐受到国际社会的广泛关注。低碳经济（Low Carbon Economy）是英国政府为实现能源环境可持续发展而提出的一种新的发展观，其实质是通过提高能源效率和改善能源消费结构减少碳排放，核心是通过能源技术创新和制度创新构建一个低碳发展经济体。在国际层面上，2005 年英国在其作为八国首脑会议的东道国和欧盟轮值主席国之际，把气候变化问题列为八国首脑峰会的两个主题之一，并于 2005 年 11 月召开了以"向低碳经济迈进"为主题的由 20 个温室气体排放大国环境和能源部长参加的高层会议。英国是全球气候变化行动的领导者，积极利用各种平台推动后京都谈判进展，呼吁全球向低碳经济转型。

2006 年 10 月 30 日，英国发布了由前世界银行首席经济学家尼古拉斯·斯特恩牵头完成的《气候变化的经济学》（简称《斯特恩报告》），对于全球变暖可能造成的经济影响做出了具有里程碑意义的评估。《斯特恩报告》以气候科学为基础，以"成本—效益分析"方法对欧盟明确提出的全球 2℃升温上限加以论证，呼吁各国迅速采取切实可行的行动，尽早向低碳经济转型。报告认为，在全球范围内，"如果没有政策的干预，收入增长和人均排放量的长期正比关系将持续下去。打破这种联系需要人们在选择上的巨大转变，对碳密集型商品和服务定价，或者科技发展的重大突破"。只有采取"适当的政策"，改变这种联系才可以实现。以每年全球 1% 的 GDP 投资，就可以避免将来5%—20% 的 GDP 损失。

2007 年 IPCC 第四次科学评估报告发表以后，人类必须迅速行动应对气候变化成为国际社会的主流话语，而低碳经济成为气候变化背景下人类的必然选择。联合国环境规划署把 2008 年世界环境日的主题定为"转变传统观念，面向低碳经济"，希望低碳经济理念能够迅速成为各级决策者的共识。欧盟为实现 2008—2012 年 8% 的温室气体减排目标，要求所有成员国采取更为严格的措施转变高碳经济发展模式，实施包括碳税和碳排放许可等在内的政策，通过低碳经济发展模式提高以交通和建筑为主的能源效率，从而切实减缓温室气体排放。美国虽然拒绝加入《京都议定书》，但2007年提交到美国国会的法律草案中就包括一项"低碳经济法案"，表明低碳经济的发展道路有望成为美国未来的重要战略选择。2004年4月，日本联手英国提出"2050年日本低碳社会"研究项目，提出要把日本打造成全球第一个低碳社会。该项目已于2008年7月完成，其主要结论是"在满足社会经济需求与发展的同时，2050年日本的碳排放比1990年有70%的减排潜力"。

2014年11月，IPCC第五次评估报告《综合报告》指出人类对气候系统的影响是明确的，而且这种影响在不断增强，在世界各个大洲都已观测到种种影响。如果任其发展，气候变化将会增强对人类和生态系统造成严重、普遍和不可逆转影响的可能性。然而，当前有适应气候变化的办法，而实施严格的减缓活动可确保将气候变化的影响保持在可管理的范围内，从而可创造更美好、更可持续的未来。2016年4月，IPCC第六次评估报告决定编写三个主题的特别报告，即全球升温幅度达到1.5℃的影响及温室气体排放途径，气候变化、沙漠化、土地退化、可持续土地管理、粮食安全和陆地生态系统温室气体通量，气候变化、海洋与冰冻圈相关研究。其中，针对《巴黎协定》提出的"在温度上升控制在2℃的基础上向1.5℃努力"，将在2018年完成全球升温幅度达到1.5℃的影响及温室气体排放途径特别报告。

世界各地的低碳经济实践在如火如荼地展开，都是自发地、以自下而上的方式先行动起来，但缺乏明确的概念界定、经济学方法论描述和综合评价体系。鉴于中国巨大的发展和减排潜力，国际社会迫切希望在中国开展低碳发展的研究和示范，以分享信息和积累经验。

虽然有关低碳经济的表述在20世纪90年代后期的文献就曾出现，但低碳经济的概念主要还是在2003年英国《能源白皮书》发布之后，受到国际社会的广泛关注。2004年10月，中国社会科学院可持续发展研究中心和英国驻华大使馆共同主办了中英气候变化圆桌会议，低碳经济概念开始进入国内学者的研究视角。2005年，中国社会科学院在英国外交部的资助下，开展了"通过激励机制促进低碳经济发展"项目。在此项目的执行过程中，一系列有关低碳经济的文章、论文、报告和论著的发表，使得低碳经济理念逐渐受到学术界和决策层的关注。

2007年4月，中国环境与发展国际合作委员会召开了"低碳经济和中国能源与环境政策研讨会"（下称"国合会");2008 年 6 月 24—25 日，国合会启动了"中国发展低碳经济途径研究"课题；2008 年，环保部启动了环保公益性项目"低碳经济模型开发及其在减缓气候变化中的应用"。这些研究试图在分析国外低碳经济发展理论与实践的基础上，明确中国发展低碳经济的领域、发展方向以及面临的主要挑战，探讨中国选择低碳经济发展道路的发展模式，为中国发展低碳经济提供政策建议。

具体说来，低碳经济到底是一种经济形态还是一种发展模式，或者两者兼而有之，国内学术界对概念的理解还没有共识。但可以肯定的是，国内学者对于中国发展低碳经济的必要性和紧迫性有着一致的认识。2008 年 6 月，中国环境与发展国际合作委员会和世界自然基金会（WWF）共同发布了《中国生态足迹报告》。报告指出，中国消耗了全球生物承载力的 15%，中国的资源消耗已超过其自身生态系统承载力的两倍以上。因此，在中国推行低碳生活方式、推进低碳经济形势紧迫。为更好地开展低碳经济领域的研究，2008 年 9 月，清华大学成立了低碳经济研究院，旨在发挥清华大学多学科的综合优势，围绕低碳经济、政策及战略开展系统和深入的研究。

2006 年 12 月中国发布的《气候变化国家评估报告》首次提出走"低碳经济"发展道路；2007 年 6 月

科技部发布的《中国应对气候变化科技专项行动》中，再次提出走低碳经济发展之路。2007 年 9 月胡锦涛总书记在 APEC 第 15 次领导人会议上明确主张"发展低碳经济"；科技部部长万钢在 2007 年中国科协年会上呼吁"大力发展低碳经济"；环保部副部长吴晓青在 2008 年"两会"时明确建议将低碳经济提到议程上来，在 2008 年气候变化与科技创新国际论坛上继续强调要加强环境保护，为低碳经济发展保驾护航，加快研究制定国家低碳经济发展战略，大力发展低碳经济。

2008 年年初，世界自然基金会（WWF）在中国大陆选择上海和保定两市推出"低碳城市"发展示范项目，希望从上海与保定这两个试点城市的建筑节能、可再生能源和节能产品制造与应用等领域中，总结出可行模式，然后陆续向全国推广。其中保定是中国第一个"国家可再生能源产业化基地"，有其独特的技术和经验优势。上海的建筑能耗占到全社会总能源消费的近30%，开展建筑节能方面的示范和实践也具有重要意义。

由 WWF 开展的低碳发展项目产生了非常好的社会影响，但目前上海和保定两个试点城市侧重的只是低碳经济某一具体领域的发展而已。事实上，向低碳经济转型应该是从产业结构到能源结构的全面优化，以及从生产方式到生活方式的全面变革。2007 年，中国社会科学院城市发展与环境研究所、国家发改委能源研究所和英国皇家国际事务研究所等研究机构，联合进行了"中国与欧洲能源和气候安全相互依存性"的创新性课题研究。在 2008 年 3 月发表的研究报告中明确向中国和欧盟成员国政府建议：在中国经济繁荣的东部和欠发达的西部，探索建立特区性质的低碳经济示范省（区），使之成为中国低碳化工业进程的国际典范，从而显示低碳经济的勃勃生机。

第三章 衡量低碳发展水平的方法学与指标体系建设

第一节 衡量低碳经济发展水平的各种可能指标

目前，对低碳经济发展水平的评价缺乏统一的评价标准，在国家层面，英国率先提出低碳经济的概念，目标是到 2050 年建设一个低碳经济体。日本提出到 2050 年在全球率先打造一个低碳社会。无论是英国的低碳经济体还是日本的低碳社会，都以温室气体大量绝对减排为前提，与控制温室气体排放的国际约束联系在一起。在城市层面，国际上的一些大城市如伦敦和纽约，都以建设低碳城市为荣，并建立了低碳城市联盟（C40 Cites）①。中国的保定和上海也在世界自然基金会（WWF）的支持下开展低碳城市发展项目。这

---

① 见：http://www.c40cities.org/。

些自发地、自下而上开展起来的低碳城市建设倡议虽然如火如荼，但最大的缺陷就是缺乏一套国际可比较的评价指标体系。

衡量一个国家或经济体低碳经济发展状况的指标应该能够测量向低碳经济发展的整个进程，不仅要包括其自身直接排放的相关指标，也要包括通过产品/服务的输入输出活动与世界其他部分产生联系、相互作用的其他指标。以《低碳城市发展指标之哥本哈根宣言》[①] 为例，除了需要考虑评估城市中直接碳排放的指标外，还需要输入输出方面评估碳足迹（Carbon Footprint）的指标。考虑到我们对低碳经济的概念界定及其实现途径，衡量一个国家或经济体低碳经济发展状态的指标体系，至少应该把以下指标或因素考虑在内。下面是对人均碳排放水平、碳生产力水平、技术标准、能源消费结构、碳排放弹性以及进出口贸易、产品生命周期、森林碳汇、人类发展指数等 9 个指标的评价。

一 人均碳排放水平

人均碳排放指标具有公平的含义。人均碳排放水

---

① 见《低碳城市发展指标之哥本哈根宣言》（Copenhagen Declaration for a Low Carbon City Development Index）。见：http://www. copenmind. com/copenmind/mindflow/wwf – denmark – session。

平不仅与经济发展阶段密切相关，而且与生产和消费模式密切相关。根据世界银行人口统计和 BP 能源统计数据[①]，2016 年美国人均排放 16.56 吨 CO_2，加拿大 14.53 吨，澳大利亚 16.95 吨，日本 9.38 吨，欧盟 28 国平均 6.81 吨，德国 9.20 吨，英国 6.19 吨。发展中国家中中国人均排放 6.62 吨 CO_2，印度为 1.72 吨，巴西 2.21 吨（见表 3-1）。

表 3-1　　　　1965—2016 年世界主要经济体人均碳排放　　　单位：吨 CO_2/人

年份 区域	1965	1970	1980	1990	2000	2010	2016
美国	18.69	21.89	21.87	20.68	21.18	18.60	16.56
加拿大	13.43	16.45	18.06	16.54	17.59	16.01	14.53
墨西哥	1.38	1.59	2.87	3.15	3.62	3.92	3.69
阿根廷	3.51	3.39	3.53	3.22	3.57	4.19	4.43
巴西	0.62	0.88	1.46	1.32	1.73	2.03	2.21
法国	6.56	8.30	8.75	6.29	6.27	5.55	4.72
德国	11.98	13.33	13.76	12.63	10.33	9.54	9.20
意大利	3.93	5.95	6.81	7.05	7.64	6.91	5.56
俄罗斯	—	—	—	15.23	10.06	10.57	10.32
土耳其	0.81	1.13	1.70	2.54	3.30	3.99	4.55
英国	12.66	12.85	10.78	10.36	9.57	8.44	6.19
沙特	12.93	11.54	10.24	12.77	13.83	18.29	19.27

---

① https：//data. worldbank. org/data - catalog/，http：//www. bp. com/en/global/corporate/energy - economics/statistical - review - of - world - energy. html。

续表

年份 区域	1965	1970	1980	1990	2000	2010	2016
南非	5.82	5.95	6.97	8.31	7.65	8.81	7.61
澳大利亚	10.00	12.41	15.19	16.49	18.13	17.94	16.95
中国	0.68	0.92	1.50	2.05	2.66	6.07	6.62
印度	0.34	0.34	0.45	0.69	0.92	1.35	1.72
印尼	0.20	0.20	0.47	0.75	1.27	1.77	2.04
日本	4.52	7.77	7.98	8.83	9.60	9.23	9.38
韩国	0.87	1.52	3.24	5.58	9.84	12.31	12.92
欧盟	7.73	9.16	9.76	9.07	8.37	7.80	6.81
世界	3.42	3.93	4.19	4.09	3.92	4.55	4.49

数据来源：世界银行数据库，《BP世界能源统计年鉴2017》。

数据表明，人均温室气体排放与人均 GDP 之间存在近似倒 U 型的曲线关系，包括中国在内的广大发展中国家正处于这一曲线的爬坡阶段。[1] 一方面，发展中国家工业化、城市化、现代化进程远未完成，发展经济、改善民生的任务艰巨。为了实现发展目标，发展中国家的能源需求将有所增长，这是发展中国家发展的基本条件。[2] 另一方面，《斯特恩报告》也指出，从全球来看，如果没有足够的政策干预，人均收入增长

---

[1] Guiyang Zhuang, "How will China Move towards Becoming a Low Carbon Economy?" *Journal of China & World Economy*, No. 3, 2008.

[2] 能源消费需求的增长，在能源消费结构没有巨大变化的情况下，意味着碳排放需求也必然增长。

和人均排放之间的正相关关系将长期存在。必须通过适当的政策措施，才能打破这种联系。[①] 由此可见，人均碳排放是衡量低碳经济的一个非常重要指标。

二 碳生产力水平

碳生产力是每单位碳当量的排放所产出的 GDP 总量。碳生产力是单位 GDP 产出碳排放的倒数，一般可以用来衡量一个经济体的效率水平。由于碳生产力取决于人均碳排放与人均 GDP 两个指标，所以收入水平的高低和碳生产力的大小并没有直接的联系。

表 3-2　　1965—2016 年世界主要经济体碳生产力水平　　单位：美元/吨 CO_2

年份 区域	1965	1970	1980	1990	2000	2010	2016
美国	1081.30	1064.89	1313.66	1756.32	2127.35	2600.41	3152.23
加拿大	1583.62	1497.66	1758.82	2206.17	2481.24	2963.01	3456.14
墨西哥	3250.08	3271.35	2600.61	2304.98	2394.96	2286.46	2632.70
阿根廷	1783.18	2083.95	2282.88	1846.58	2289.29	2452.70	2290.12
巴西	5996.39	5333.49	5711.79	6047.03	5086.33	5518.40	4908.37
法国	2451.24	2419.29	3082.32	5182.18	6144.23	7336.78	8895.12
德国	—	1471.82	1894.25	2560.45	3677.39	4381.45	4949.83
意大利	3430.92	2964.98	3590.58	4375.64	4732.97	5186.41	6166.68
俄罗斯	—	—	—	626.05	645.39	1009.98	1092.54

---

① Stern Nicolars, *Stern Review on the Economics of Climate Change*, Cambridge University Press, 2007.

续表

年份 区域	1965	1970	1980	1990	2000	2010	2016
土耳其	4382.08	3747.90	2927.87	2666.09	2492.42	2674.40	3092.56
英国	1232.61	1391.42	2022.69	2763.62	3682.30	4586.55	6718.91
沙特	0.00	1917.74	3565.34	1409.95	1320.95	1053.30	1110.53
南非	930.28	1029.06	946.94	729.39	777.61	835.60	985.55
澳大利亚	2179.19	2096.36	1961.73	2172.00	2439.51	2892.34	3285.20
中国	274.07	249.47	231.69	356.43	667.25	751.43	1041.88
印度	965.30	1061.66	872.66	772.02	831.52	993.63	1085.34
印尼	3312.25	3909.44	2623.26	2266.59	1689.17	1758.21	1952.61
日本	2787.72	2373.34	3194.73	4291.00	4390.70	4820.58	5075.51
韩国	1350.13	1193.24	1143.01	1517.80	1535.62	1794.89	1970.52
欧盟	1602.51	1672.71	2041.38	2728.11	3616.55	4317.32	5229.62
世界	1285.54	1312.95	1494.35	1752.84	2080.60	2090.37	2312.99

数据来源：世界银行数据库，《BP 世界能源统计年鉴 2017》。

注：GDP 按照 2010 年不变价美元计算。

根据世界银行和 BP 能源统计数据，2016 年主要国家中碳生产力水平最高的是法国，为 8895.12Intl $ / tCO_2，美国为 3152.23 Intl $ /tCO_2$，加拿大为 3456.14 Intl $ /tCO_2$，澳大利亚为 3285.20 Intl $ /tCO_2$，日本为 5075.51 Intl $ /tCO_2$，欧盟 28 国为 5229.62 Intl $ /tCO_2$。发展中国家中印度为 1085.34 Intl $ /tCO_2$，中国为 1041.88 Intl $ /tCO_2$。

值得注意的是，根据国际能源署 2014 年统计资料核算，一些非常贫穷的小国，如赞比亚的碳生产力达到 7941.2 Intl \$/tCO_2，非洲第一大经济体尼日利亚的碳生产力达到 7517.6 Intl \$/tCO_2，为世界平均水平的 3.4 倍和 3.1 倍，远超过大多数发达国家。然而，从发展阶段分析，2014 年赞比亚和尼日利亚人类发展指数分别为 0.586 和 0.514，在世界排名中位于 139 位和 152 位。可见，作为衡量低碳经济发展状态的指标之一，碳生产力指标比较适合经济发展水平（或人文发展水平）比较接近的国家之间对比，碳生产力指标无法考量一个国家（经济体）的人文发展水平以及奢侈排放情况。

三　技术标准

技术标准既可以是单位物理产出的排放水平，如吨钢排放、吨公里排放、单位电量排放等，也可以是具体的技术，如发电超临界机组等，也可以是汽车燃油标准、尾气排放标准、建筑节能标准等。以燃煤电站的煤耗为例，2015 年，全国 6000 千瓦及以上火电厂机组平均发电煤耗和供电标准煤耗分别为 297 克标准煤/千瓦小时和 315 克标准煤/千瓦小时，尽管取得了较大进展，但和日本和意大利等发达国家相比仍有较大差距（见表 3-3）。

表3－3　主要高耗能产品单位能耗中外比较

年份	火电厂发电煤耗（克标准煤/千瓦小时）		火电厂供电煤耗（克标准煤/千瓦小时）			钢可比能耗（千克标准煤/吨）		电解铝交流电耗（千瓦时/吨）		水泥综合能耗（千克标准煤/吨）		乙烯综合能耗（千克标准煤/吨）		合成氨综合能耗（千克标准煤/吨）		纸和纸板综合能耗（千克标准煤/吨）	
	中国	日本	中国	日本	意大利	中国	日本	中国	国际先进水平	中国	日本	中国	国际先进水平	中国	美国	中国	日本
1990	392	317	427	332	326	997	629	17100	14400	201	123	1580	897	2035	1000	1550	744
1995	379	315	412	331	319	976	656	16620	14400	199	124	—	—	1849	1000	—	—
2000	363	303	392	316	315	784	646	15418	14400	172	126	1125	714	1699	1000	1540	678
2005	343	301	370	314	288	732	640	14575	14100	149	127	1073	629	1650	990	1380	640
2010	312	294	333	306	275	681	612	13979	12900	143	130	950	629	1587	990	1200	581
2011	308	295	329	306	274	675	614	13913	12900	142	116	895	629	1568	990	1170	531
2012	305	294	325	305	—	674	616	13844	12900	140	122	893	629	1552	990	1128	508
2013	302	291	321	302	—	662	608	13740	12900	139	126	879	629	1532	990	1087	530
2014	300	287	319	298	—	654	615	13596	12900	138	111	860	629	1540	990	1050	506
2015	297	—	315			644		13562	12900	137	—	854	629	1495	990	1045	—

数据来源：《中国能源统计年鉴2016》。

　　以汽车尾气排放标准为例，2016 年，全国机动车保有量达到 2.95 亿辆，按燃料分类，汽油车占 88.5%，柴油车占 10.2%，燃气车占 1.3%；按排放标准分类，国 I 前标准的汽车占 1.0%，国 I 标准的汽车占 5.4%，国 II 标准的汽车占 6.4%，国 III 标准的汽车占 24.3%，国 IV 标准的汽车占 52.4%，国 V 及以上标准的汽车占 10.5%。国 V 排放标准相当于欧 V 标准，欧洲早在 2009 年 9 月 1 日起就正式实施了欧 V 标准。由于各地区经济水平参差不齐，实施技术标准指标可能会带来技术或贸易壁垒及贸易保护主义，因此在政治可接受性方面可能面临障碍。但是，向低碳经济转型需要靠技术进步来完成，低碳经济的核心之一就是技术创新，因此有关技术进步（如单位产品能耗）的参数必不可少。

四　能源消费结构

　　碳排放来源于化石能源的使用，广泛产生于人类生产和生活之中。煤炭、石油和天然气的碳排放系数递减，绿色植物是碳中性的，太阳能、水能、风能等可再生能源以及核能属于清洁的零碳能源。《京都议定书》规定的六种温室气体包括二氧化碳（CO_2）、甲烷（CH_4）、氧化亚氮（N_2O）、六氟化硫（SF_6）、氢氟烃（HFCs）和全氟烃（PFCs）。其中二氧化碳是最主要的温室气体，大约占温室气体排放总量的80%。能源结构指标可以有两种表达形式，一种是能源碳强度指标（即单位能源消费的碳排放系数），反映的是各国的能源消费结构（见表3-4、3-5），另一种是零碳能源占一次能源消费中的比例。

表3-4　　　　　世界主要经济体能源消费碳排放系数　　　　单位：tCO_2/toe

年份 经济体	1965	1970	1980	1990	2000	2010	2016
美国	2.823	2.759	2.744	2.625	2.587	2.519	2.354
加拿大	2.271	2.239	2.038	1.828	1.785	1.726	1.600
墨西哥	2.522	2.491	2.604	2.528	2.586	2.579	2.521
阿根廷	2.900	2.812	2.525	2.326	2.154	2.167	2.187
巴西	2.335	2.294	1.937	1.566	1.610	1.496	1.538
法国	2.974	2.851	2.514	1.693	1.498	1.424	1.340
德国	3.590	3.393	3.005	2.847	2.546	2.410	2.359
意大利	2.616	2.703	2.646	2.584	2.472	2.379	2.226
俄罗斯	—	—	—	2.610	2.377	2.242	2.211
土耳其	3.244	3.155	2.992	2.899	2.840	2.601	2.624
英国	3.481	3.296	3.011	2.807	2.515	2.516	2.161
沙特	3.108	2.994	2.735	2.562	2.456	2.321	2.333
南非	3.808	3.725	3.675	3.538	3.396	3.586	3.482
澳大利亚	3.318	3.223	3.147	3.152	3.202	3.134	2.962
中国	3.719	3.704	3.530	3.407	3.326	3.259	2.988
印度	3.181	2.936	3.037	3.099	3.055	3.104	3.137
印尼	2.833	2.536	2.681	2.633	2.681	2.876	3.036
日本	2.900	2.894	2.616	2.512	2.379	2.384	2.675
韩国	3.886	3.433	3.202	2.667	2.441	2.391	2.313
欧盟	3.311	3.153	2.883	2.593	2.358	2.241	2.122
世界	3.044	2.948	2.802	2.653	2.556	2.591	2.518

数据来源：《BP世界能源统计年鉴2017》。

表 3 - 5　　　　　　　　2016 年世界主要经济体能源消费结构　　　　单位:%

能源 经济体	石油	天然气	煤炭	核能	水电	可再生能源
美国	37.98	31.52	15.77	8.44	2.61	3.69
加拿大	30.61	27.26	5.66	7.04	26.64	2.79
墨西哥	44.41	43.20	5.26	1.28	3.63	2.21
阿根廷	35.91	50.25	1.19	2.14	9.77	0.74
巴西	46.61	11.06	5.55	1.21	29.19	6.38
法国	32.38	16.24	3.53	38.68	5.71	3.46
德国	35.04	22.46	23.35	5.94	1.47	11.74
意大利	38.40	38.38	7.18	0.00	6.13	9.91
俄罗斯	21.96	52.20	12.96	6.60	6.27	0.02
土耳其	29.86	27.49	27.88	0.00	11.02	3.75
英国	38.89	36.70	5.83	8.63	0.65	9.31
沙特	63.02	36.94	0.04	0.00	0.00	0.01
南非	22.03	3.79	69.61	2.94	0.19	1.43
澳大利亚	34.65	26.81	31.73	0.00	2.93	3.88
中国	18.95	6.20	61.83	1.58	8.62	2.82
印度	29.38	6.23	56.91	1.18	4.03	2.27
印尼	41.47	19.38	35.82	0.00	1.87	1.46
日本	41.39	22.48	26.94	0.90	4.06	4.23
韩国	42.68	14.30	28.50	12.82	0.19	1.50
欧盟	37.35	23.50	14.52	11.57	4.79	8.26
世界	33.28	24.13	28.11	4.46	6.86	3.16

数据来源:《BP 世界能源统计年鉴 2017》。

关于能源消费碳排放系数,世界平均及主要经济体总体呈下降趋势。2016 年,在 20 个主要经济体中,法国能源消费碳排放系数最低,为 $1.34tCO_2/toe$,世界平均水平为 $2.518\ tCO_2/toe$,中国为 $2.988tCO_2/toe$,

超出世界平均水平近 19 个百分点，是法国的 2. 23 倍。
而能源消费碳排放系数和能源消费结构密切相关，2016
年法国零碳能源消费比重达到 47. 85％，挪威和瑞典两
国的零碳能源消费比重均超过 60％。2015 年中国应对
气候变化国家自主贡献方案提出，2020 年零碳能源占一
次能源消费比重达到 15％左右，2030 年达到 20％左右，
二氧化碳排放 2030 年左右达到峰值并争取尽早达峰。
欧盟提出到 2020 年可再生能源消费比例要占终端能源
消费的 20％[①]，到 2030 年实现在 1990 年的基础上至少
减排 40％温室气体的目标。其中零碳能源的发展水平
既与资源禀赋相关，也与资金和技术实力（能力）相
关，是实现低碳经济和低碳发展的一条重要途径。

五　碳排放弹性

碳排放弹性以碳排放增长速度和 GDP 增长率的比
值表示。由于低碳经济的目标是低碳高增长，因此碳
排放弹性主要考察的是在经济增长为正的前提下，碳
排放增长速度下对于经济增长速度的下降程度。庄贵
阳借鉴脱钩指标[②]的概念，根据碳排放弹性的大小把低

[①]　http：//www4. unfccc. int/submissions/indc/Submission％20 Pages/
submissions. aspx.

[②]　Tapio，Petri，"Towards a Theory of Decoupling：Degrees of Decou-
pling in the EU and the Case of Road Traffic in Finland Between 1970 and
2001"，*Journal of Transport Policy*，2005（12）.

碳发展分为绝对的低碳发展和相对的低碳发展。如果碳排放弹性小于 0 时，即为绝对的低碳发展；如果碳排放弹性在 0 与 0.8 之间，则为相对的低碳发展。[①] 根据世界资源研究所 CAIT 数据库，通过对全球 20 个排放大国从 1980—1975 年、1985—1980 年、1990—1985 年、1995—1990 年、2000—1995 年、2005—2000 年六个时间段碳排放弹性的数据分析发现，发达国家如美国、英国、欧盟 28 国、德国、加拿大、澳大利亚、意大利、西班牙、法国、日本和俄罗斯，在 6 个时间段至少出现一次强脱钩（碳排放弹性小于 0），其中英国最为突出，一直呈现强脱钩特征。其余发达国家也以强脱钩和弱脱钩为主要特征。从发展中国家的情况来看，虽然某些发展中国家在某个时段碳排放弹性出现小于 0 的情况，但主要是由于各种原因造成的经济波动引起的，因为经济增长率为负，显然不属于我们对低碳经济的预期。虽然发展中国家也出现弱脱钩（即碳排放弹性在 0 和 0.8 之间），但还没有成为主流趋势。对于发展中国家来说，向低碳经济转型的一条理想轨迹是在经济增长速度为正的前提下，碳排放弹性不断降低。碳排放弹性指标有助于在宏观经济层面整体把握低碳经济发展状况，但这种衡量方法容易受到经济波动的

---

① 庄贵阳：《低碳经济：气候变化背景下中国的发展之路》，气象出版社 2007 年版。

影响。此外，最容易受到质疑的是，只强调碳排放与经济增长的脱钩不能保证大气温室气体浓度的稳定。

六　产品生命周期

产品生命周期（Product Life Cycle），简称 PLC。是指产品的市场寿命，即一种新产品从开始进入市场到被市场淘汰的整个过程，分为引入期（Introduction）、增长期（Growth）、成熟期（Mature）、衰退期（Decline）四个阶段。

一种产品进入市场后，它的销售量和利润都会随时间推移而改变，呈现一个由少到多由多到少的过程，就如同人的生命一样，由诞生、成长到成熟，最终走向衰亡，这就是产品的生命周期现象。所谓产品生命周期，是指产品从进入市场开始，直到最终退出市场为止所经历的市场生命循环过程。产品只有经过研究开发、试销，然后进入市场，它的市场生命周期才算开始。产品退出市场，则标志着生命周期的结束。环境保护部 1994 年在全国开展了中国环境标志计划，主要通过考察产品在整个生产周期过程中对环境各个因素的影响，产品全生命周期概念与产品低碳的概念异曲同工，低碳产品环境标志的制定对低碳发展起到积极的推动作用。

七 进出口贸易

在全球化的世界，世界经济一体化的程度越来越高。世界贸易增长持续高于世界经济的增长速度，使得世界贸易额与全球 GDP 之比持续上升，贸易发展与经济增长的关联性进一步增强。在全球化产业转移和国际贸易分工的大格局下，中国已经成为世界加工厂和主要的制造业基地。中国经济高度依赖于国际贸易。2000—2016 年，进出口总额年均增长 12.1%，2013 年中国对外贸易首次跃上 4 万亿美元的新台阶，货物贸易进出口和出口额位居世界第一位。2016 年中国进出口贸易占 GDP 的 32.7%，2005—2007 年进出口贸易占 GDP 比重超过 60%。但总体而言，中国处于国际劳动分工的较低端，大部分的进口是高附加值的产品和服务，而出口主要是能源密集的制造业生产的产品。在这种进出口结构下，随着大量"中国制造"产品走向世界，中国内涵能源净出口随贸易顺差的增长不断扩大。满足各地消费者需求的同时，中国也间接地出口了大量能源。中国"生态逆差"随外贸顺差的增长不断扩大。

研究表明，中国内外贸进出口背后的内涵能源约占当年一次能源消费的四分之一。[①] 因此，进出口贸易

---

① 陈迎、潘家华、谢来辉：《中国外贸进出口商品中的内涵能源及其政策含义》，《经济研究》2008 年第 7 期。

作为衡量低碳经济的指标，其含义在于我们不仅要考虑生产侧排放，也要从消费侧考虑。但是考虑到隐含能源（Embodied Energy）或隐含碳的问题在方法论上还存在争议，而且城市之间产品输入输出的数据不可得，所以在衡量指标体系中不予以考虑。

八　森林碳汇

森林植物在生长过程中通过光合作用吸收二氧化碳、放出氧气，并把大气中的二氧化碳固定在植被和土壤中。森林碳汇就是指森林生态系统减少大气中二氧化碳浓度的过程、活动或机制。

森林是陆地最大的储碳库和最经济的吸碳器。据联合国政府间气候变化专门委员会（IPCC）估算：全球陆地生态系统中约储存了2.48万亿吨碳，其中1.15万亿吨碳储存在森林生态系统中。科学研究表明：林木每生长1立方米，平均约吸收1.83吨二氧化碳。目前，全球森林资源锐减，减弱了对大气中二氧化碳的吸收，成为导致全球气候变化的重要因素之一。

恢复和保护森林作为低成本减缓全球气候变化的重要措施之一写入了《京都议定书》。IPCC在2007年发布的第四次全球气候变化评估报告中指出：林业具有多种效益，兼具减缓和适应气候变化双重功能。扩大森林覆盖面积是未来30—50年经济可行、成本较低的重要减缓措施。许多国家和国际组织都在积极利用森林碳汇应对气候变化。

根据国家林业局资料，1980—2005 年，中国通过开展植树造林和森林管理活动，累计净吸收二氧化碳 46.8 亿吨；通过控制毁林，减少排放二氧化碳 4.3 亿吨。根据第八次全国森林资源清查（2009—2013 年）结果：中国森林面积已达 2.08 亿公顷，完成了到 2020 年增加森林面积目标任务的 60%；森林蓄积量 151.37 亿立方米，已提前实现到 2020 年增加森林蓄积量的目标；森林植被总碳储量由第七次全国森林资源清查（2004—2008 年）的 78.11 亿吨增加到 84.27 亿吨，森林覆盖率由 2008 年的 20.36% 提高到 2015 年的 21.66%。

九　人类发展指数

1990 年，联合国开发计划署（UNDP）选用收入水平、期望寿命指标和教育指数这三个指标，来把人文发展作为一个全面综合的度量。1990 年联合国开发计划署创立了人文发展指数（HDI）即以"预期寿命、教育水准和生活质量"三项基础变量按照一定的计算方法组成的综合指标。

2014 年人类发展指数指标计算，其中健康长寿：用出生时预期寿命来衡量；教育获得：用平均学校教育年数指数、预期学校教育年数指数共同衡量；生活水平：

用人均国民收入（2011 购买力平价美元）来衡量。

每个指标设定了最小值和最大值：出生时预期寿命：20 岁和 85 岁；平均学校教育年数（一个大于或等于 25 岁的人在学校接受教育的年数），0 年和 15 年；预期学校教育年数（一个 5 岁的儿童一生将要接受教育的年数），0 年和 18 年。人均国民收入（2011 购买力平价美元）：100 美元和 75000 美元。

HDI 指数的计算公式：

指数值 =（预期寿命指数 + 教育指数 + 收入指数）/3

预期寿命指数 =（预期寿命 - 20）/（85 - 20）

预期学校教育年数指数 =（预期学校教育年数 - 0）/（18 - 0）

平均学校教育年数指数 =（平均学校教育年数 - 0）/（15 - 0）

教育指数 =（预期学校教育年数指数 + 平均学校教育年数指数）/2

收入指数 =［ln（人均国民收入）- ln（100）］/［ln（75000）- ln（100）］

根据《2016 年人类发展报告——人类发展为人人》设定，人类发展指数高于 0.8 为极高人类发展水

平，介于 0.7—0.8 之间为高人类发展水平，介于
0.55—0.7 之间为中等人类发展水平，低于 0.55 为低
人类发展水平。在 188 个国家和地区中，极高、高、
中等、低人类发展水平数量分别为 51、55、41、41
个，世界平均水平为 0.717，最高值挪威为 0.949，最
低值中非为 0.352，中国为 0.738，位居第 90 位（见
图 3－1）。

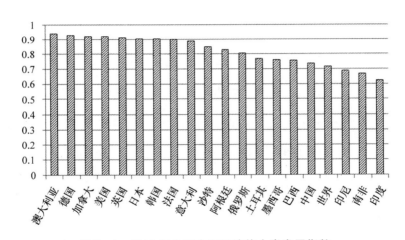

图 3－1　2015 年世界主要经济体人类发展指数

数据来源：《UNDP 2016 年人类发展报告》。

第二节　衡量低碳经济发展水平的
指标体系

根据以上对各种关于低碳经济评价指标的分析来
看，很显然，单一指标不能全面、客观评价一个国家

或经济体低碳经济发展水平，因此必须建立一套综合评价指标体系。为了建立一套普遍被接受的评价指标体系，首先所选取的指标之间尽可能要相互独立，并具有明确的经济含义。目前国内在实践中广泛应用的评价指标体系，一种是利用层次分析法把所选取的指标指数化，赋予权重后加总，以得分的高低排名。[①] 这种方法常见于时下比较流行的各种排名；另一种是给各指标设定不同的阈值，以是否达到阈值（目标值）为考核标准。这种方法如国家环境保护部（原国家环保总局）颁布的《生态县、生态市、生态省建设指标》。在国际上，还有一种以是否实施了某些政策或技术为评价体系，如英国碳基金（UK Carbon Trust）为几个试点城市所做的指标体系。本文拟构建的低碳经济发展水平综合评价指标体系，将力争集合上述三种方法的优点。

低碳发展可以理解为以低碳化为主要特征的可持续发展路径。为了度量实现低碳经济过程中所处的发展阶段、存在的差距及可以采取的政策手段，在低碳经济概念的基础上，进一步建立一个多维度的综合性评价指标体系。这套综合评价指标体系要具有两个方面的功能：一方面要能够横向比较各国或经济体离低碳经济目标有多远，另一方面要能够纵向比较各国或

① 类似于人类发展指数（HDI）的计算方法。

经济体向低碳经济转型的努力程度。

低碳经济综合评价指标体系的概念框架，参照联合国可持续发展委员会（UNCSD）提出的驱动力—状态—响应（Driving Force – Status – Response，简称 DSR）模型。DSR 框架是研究环境—经济—社会三大系统协调发展的基本模式，被广泛用来构建各种不同领域的可持续发展指标体系。参照 UNCSD 第三次修订的可持续发展指标体系，[①] 构建指标体系需考虑以下原则：（1）指标简洁，有代表性；（2）指标可得性，各国（经济体）之间具有可比性；（3）指标选择与政策目标相联系；（4）社会经济指标与环境指标的相容性。

基于驱动力—状态—响应模式，低碳经济的概念模型可以有不同角度的理解：（1）低碳经济发展的驱动因素：经济发展到后工业化时期，社会经济系统具有向高产出、低污染、环境友好型发展模式转型的内在动力和诉求，包括生产方式、消费模式、技术导向和资源可持续利用，等等。（2）低碳发展状态：对一国（经济体）经济发展阶段、资源禀赋、技术水平和消费模式的综合度量，能够界定该国在某一时期所处的低碳经济发展水平，包括人均碳排放、碳生产力水

---

① Indicators of Sustainable Development: Guidelines and Methodologies, October 2007, Third Edition, UNCSD.

平、低碳资源的开发利用情况，等等。（3）低碳发展的政策响应：用以表征人类为促进低碳发展所采取的对策，如征收碳税和消费税、提高能源利用效率，推广公共交通和绿色建筑，植树造林增加碳汇，利用税收优惠和财政补贴鼓励发展可再生能源，等等，以评价一国（经济体）实现低碳经济转型的努力与不足，探讨如何采取有针对性的低碳发展路径；或者设定未来某一时期的低碳经济发展目标，评估政策的可行性及不同发展路径的成本。

综上所述，衡量一个国家（或经济体）是否达到了低碳经济，除了发展阶段这一基本背景之外，核心是在资源禀赋、技术水平及消费方式三个方面是否具备低碳发展的潜力，同时要考察各国（或经济体）向低碳经济转型所付出的努力。根据上面的分析，本文所构建的低碳经济发展水平衡量指标体系需要从四个层面构建：（1）低碳产出指标；（2）低碳消费指标；（3）低碳资源指标；（4）低碳政策指标。其中，低碳产出指标表征低碳技术水平；低碳消费指标表征消费模式；低碳资源指标表征低碳资源禀赋及开发利用情况；低碳政策指标表征向低碳经济转型的努力程度。在每个层面之下，遴选一个或多个核心指标并赋予相应的阈值或定性描述（见表3－6）。这里需要补充一点，衡量低碳经济的标准之一是要具有可持续性，换句话说，衡量低碳经济的指标需要在 5 年期间都达到目标值，避免由于经济波动和社会政治动荡等造成的对某一年度指标值的影响。另外，低碳指标目标值的设定仅是一个相对比较值，无法判断地区低碳发展水平的实际情况，故根据世界低碳发展的实际水平，结合上述指标体系的设置，给各指标赋予实际值，用来衡量目前的高、中、低碳发展阶段，主要用于评价中国各省区和城市低碳发展水平，进行国际比较，寻求低碳发展的突破口和路径（见表 3－7）。

一 低碳产出指标

碳生产力指标被认为是衡量低碳化的核心指标，并且这一指标将能源消耗导致的碳排放与 GDP 产出直接联系在一起，能够直观地反映社会经济整体碳资源利用效率的提高，同时也能够衡量一个国家或经济体在某一特定时期的低碳技术的综合水平。此外，由于与经济结构相关联，碳生产力指标的高低能够体现一国在货币资产和技术资产积累到一定水平时，进一步降低单位能源消费碳排放强度的潜力和障碍。尽管有上述优势，我们在选取了碳生产力指标作为衡量低碳发展的技术尺度时，仍做了一些调整，主要是考虑到了处于重化工阶段的一些经济体对低碳经济的顾虑。此外，低碳产出指标还要包括关键产品的单位能耗指标，如吨钢综合能耗、水泥综合能耗、火电供电煤耗等；也可比较重点行业单位工业增加值碳排放量指标。

二　低碳消费指标

碳消费水平旨在从消费侧来衡量一国（或经济体）人均碳需求和碳排放水平。尽管消费模式受到多种因素的影响，"人均消费的碳排放"可作为一个综合性指标来界定消费模式对碳排放的影响。这一指标可以根据最终消费占 GDP 的比重（即最终消费率）与单位经济总量的含碳强度（即单位 GDP 碳排放）等相关指标来推算。考虑到居民（包括政府和家庭部门）的最终消费支出中，既包括本国（本地）生产的产品与服务，也包括其他国家（地区）进口的产品与服务，限于数据可得性，为了简化计算，尤其在比较国内各地区或城市之间的碳消费水平时，这里以人均碳排放水平代替人均消费碳排放水平。另外一个非常重要的指标是人均居民用能碳排放，主要指居民（家庭）取暖、制冷、炊事和照明等生活用能产生的碳排放，中国的统计年鉴没有把汽车用能包括进去。

三　低碳资源指标

碳资源禀赋及利用水平，主要关注一国（或经济体）的能源结构、零碳排放能源和代表碳汇水平的森林覆盖率情况，包含三个核心指标，即零碳能源占一次能源比重、森林覆盖率和单位能源的 CO_2 排放因子。其中，水力资源、风能、太阳能、生物质能等可再生能源和核能属于零碳排放的资源，以及对于全球减排和适应气候变化有积极贡献的森林覆盖率，是一国实现低碳化的重要物质基础。对于属于零碳能源的非商品能源，如小沼气、太阳能热水器、生物质能等，由于缺乏统计数据，所以这里不单独列指标，在政策层面加以考虑。同时，考虑到化石能源是大多数国家（或经济体）的能源来源，煤炭、石油和天然气的碳排放系数递减，为了比较出化石能源的结构差异，选取单位能源消费的 CO_2 排放因子作为一个重要指标。

四　环境质量指标

环境是由各种自然环境要素和社会环境要素所构成，因此环境质量包括环境综合质量和各种环境要素的质量，环境质量指数是根据构成环境的各自然要素和社会要素的质量情况进行测评而综合出的量化指标。

环境质量指数是对环境质量的一种综合评价。目前人们所指的环境是指包括水环境、大气环境、土壤环境、生态环境、地质环境等在内的自然环境，环境质量就是指上述环境要素优劣的综合概念，环境质量指数越高表明环境质量越好。

指标体系中选用的环境质量指数是国家统计局研究制定的，其因子主要包括空气环境质量指数和水质量指数，并对空气质量和水质量采取了不同权重，分别为42%和58%，其计算公式如下：

$$P = A \times 42\% + W \times 58\%$$

其中，P表示环境质量指数，A表示空气质量指数，W表示水质量指数，其权重根据国家统计局公式确定。

取主要污染物排放强度、化学需氧量和二氧化硫排放强度低于全国总量控制指标作为约束性指标考核低碳发展水平。

五　社会影响指标

社会影响指标主要包括公众低碳经济知识普及率、公众低碳生活方式执行率、节能电器普及率、建筑节能标准执行率和公共交通出行率等约束性指标。公众低碳经济知识普及率直接影响公民参与低碳发展的程度，同时，随着居民生活水平的日益提高，居民生活用电量和私人小汽车拥有量日益增长。以全国城镇居民家庭平均每百户年底家用汽车拥有量为例，2000—2016 年的 16 年时间，就从 0.51 辆/百户上升到 22.7 辆/百户，增幅超过 40 倍，而同期城市每万人拥有公交车辆从 6.7 辆/万人上升到 10.66 辆/万人，增幅不足 1 倍，家用汽车单位运距排碳量约为公交车的 10 倍，因此公共交通出行率是实现低碳发展的重要社会影响要素。

六 政策影响指标

发展低碳经济，必须立足于当前经济发展阶段和资源禀赋，认真审视低碳经济的内涵和发展趋势，将能源结构的清洁化、产业结构的优化与升级、技术水平的提高、消费模式的改变、发挥碳汇潜力等纳入经济和社会发展战略规划。研究表明，更清洁的能源结构能够降低单位能源消费的碳排放强度，产业结构的优化能够从整体上促进社会经济各部门的碳产出效率（碳生产力），倡导绿色消费模式能够从终端遏制对能源的需求，减少人均消费的碳排放。

然而，上述途径都离不开制度环境的配套与政策工具的推动。因此，是否具有低碳经济发展战略规划，是否建立碳排放监测、统计和监管体系，公众的低碳经济意识如何，建筑节能标准的执行情况，以及是否具有非商品能源的激励措施和力度等，可以反映一个国家低碳经济转型的努力程度。

对于低碳经济实验区和低碳发展试点城市而言，要率先实现低碳化发展，必须满足指标体系设置的20个约束性指标，在进行区域或城市间的低碳发展水平对比时，满足指标的幅度越大，说明低碳化发展程度越高。低碳发展水平的比较方式可以是单一指标要素的比较，也可以进行指标要素综合比较，赋予各指标以权重和比值，由于考虑到中国区域差异特征，不同区域和城市产业结构、发展阶段、资源禀赋存在显著差异，本指标体系主要针对各个指标分别进行评价，用于案例城市和实验区的检验，经过检验的指标体系在征求意见的基础上再进行逐步修正和优化，形成低碳经济发展水平的衡量指标体系技术导则，指导区域和城市低碳发展的实践。

表3-6　　　　低碳经济发展水平的衡量指标体系（相对值）

一级指标	序号	二级指标	单位	指标值或要求	说明
低碳产出指标	1	根据产业结构调整的碳生产力	元/tCO_2	高于全国平均水平20%	约束性指标
	2	碳排放弹性	—	≤0.8	约束性指标
	3	重点行业单位产品碳排放	tCO_2	低于全国平均水平	约束性指标

续表

一级指标	序号	二级指标	单位	指标值或要求	说明
低碳消费指标	4	人均生活能源消费碳排放	tCO_2/人	如人均可支配收入低于全国平均水平，则人均生活碳排放需低于全国平均水平；人均可支配收入如高于全国平均水平，则人均生活碳排放水平不得高于全国平均水平	约束性指标
		城镇居民生活能源消费碳排放	tCO_2/人		约束性指标
		农村居民生活能源消费碳排放	tCO_2/人		约束性指标
	5	人均能源消费碳排放	tCO_2/人	如人均 GDP 低于全国平均水平，则人均碳排放低于全国平均水平；人均 GDP 如高于全国平均水平 x%，则人均碳排放水平不得高于全国平均水平 0.5x%。	约束性指标
		人均电力消费碳排放	tCO_2/人		约束性指标
		人均燃油消费碳排放	tCO_2/人		约束性指标
		人均燃气消费碳排放	tCO_2/人		约束性指标
低碳资源指标	6	单位能源消费的 CO_2 排放因子	tCO_2/tce	低于全国平均水平	约束性指标
	7	能源消费结构	%	优于全国平均水平	约束性指标
		高碳能源消费占一次能源比例	%	低于全国平均水平 20%	约束性指标
		非化石能源消费占一次能源比例	%	高于全国平均水平 20%	约束性指标
环境质量指标	8	单位面积 CO_2 排放量	tCO_2/km^2	低于全国平均水平	约束性指标
	9	森林覆盖率	%	高于所在功能区水平	约束性指标
	10	主要污染物排放强度	kg/万元	低于全国总量控制指标	约束性指标
		化学需氧量	kg/万元	<4.0	约束性指标
		二氧化硫	kg/万元	<5.0	约束性指标
	11	固体废物回收与资源化率	%	≥90	约束性指标
		工业固体废物资源化率	%	≥90，无危险废物排放	约束性指标
		城市生活垃圾资源化率	%	≥90	约束性指标

续表

一级指标	序号	二级指标	单位	指标值或要求	说明
社会影响指标	12	公众低碳经济知识普及率	%	≥80	约束性指标
	13	公众低碳生活方式执行率	%	≥80	约束性指标
	14	节能电器普及率	%	≥80	约束性指标
	15	步行、自行车和公共交通出行率	%	≥80	约束性指标
政策影响指标	16	低碳经济发展规划	—	完善	约束性指标
	17	碳排放监测、统计、监管体系和信息平台完善度	—	完善	约束性指标
	18	建筑节能标准执行率	%	≥80	约束性指标
	19	低碳技术发展与引进激励措施和力度	—	有且到位	约束性指标
	20	非商品能源发展激励措施和力度	—	有且到位	约束性指标

指标解释说明：

（1）碳生产力：指单位碳排放所创造的 GDP。为突出区域产业结构的差异，对碳生产力的计算方法进行修正，用公式表示为：

$$\sum P_C = \sum_{i=1}^{3} i \cdot P_{C_i}$$

其中，i 为各次产业结构的比重，P_{C_i} 为各次产业的碳生产力（$i = 1$，2，3）。

（2）重点行业单位产品能耗和碳排放：选取《节能中长期专项规划》（国家发改委，2004）所列的行业和产品为主。

（3）零碳能源包括水能、风能、太阳能和生物质能等商品化可再生能源及核能。

（4）鉴于低碳经济是碳生产力和人文发展水平均达到一定水平的经济形态，因此环境考核指标应成为低碳发展水平的重要衡量标准，高污染往往和高排放密切联系，因此在低碳衡量标准中加入环境指标主要是考虑高人文发展水平低碳排放条件下的经济形态。

（5）单位能源消费的 CO_2 排放因子：根据煤炭、石油和天然气的碳排放系数和各自在能源结构中所占的比例计算。

（6）公众低碳经济知识普及程度，公众低碳生活方式执行率、节能电器普及率以及步行、自行车和公共交通出行率可以问卷调查的形式完成。

（7）非商品能源发展激励措施：对非商品能源，如太阳能、农村小沼气等生物质能的开发利用地方是否给予相应补贴，国家补贴资金有无截留，支持力度是否到位等来判断。

表 3 - 7　　低碳经济发展水平的衡量指标体系（绝对值）

一级指标	序号	二级指标	说明
低碳产出指标	1	碳生产力	高于北欧 5 国平均水平为低碳；介于北欧 5 国平均水平和 OECD 平均水平之间为中碳；低于 OECD 平均水平为高碳

一级指标	序号	二级指标	说明
低碳消费指标	2	人均碳排放	人均碳排放低于 $5tCO_2$/人为低碳；介于5—$10tCO_2$/人为中碳；高于 $10tCO_2$/人为高碳
	3	人均生活消费碳排放	人均生活消费碳排放水平低于 $5/3tCO_2$/人为低碳；介于 $5/3$—$10/3tCO_2$/人为中碳；高于 $10/3tCO_2$/人为高碳
低碳资源指标	4	零碳能源占一次能源比例	零碳能源占一次能源消费比例如高于50%为低碳；介于30%—50%之间为中碳；低于30%为高碳
人类发展水平	5	人类发展指数	>0.8，高人类发展水平 0.5—0.8，中人类发展水平 <0.5，低人类发展水平

指标解释说明：

（1）碳生产力：指单位碳排放所创造的 GDP。北欧5国（芬兰、挪威、瑞典、丹麦、冰岛）平均碳生产力位于全球领先水平。2014年，根据国际能源署统计数据，GDP 按照 2005 美元价格计算，北欧5国平均碳生产力为 10123.73 Intl＄/tCO_2，高于北欧5国平均碳生产力视为低碳发展阶段。经济合作与发展组织（OECD）反映较发达水平经济体的碳生产力，平均碳生产力为 3973 Intl＄/tCO_2，介于北欧5国与 OECD 之间碳生产力视为中碳发展阶段，低于 OECD 平均碳生产力视为高碳发展阶段。中国碳生产力为 905.7 Intl＄/tCO_2，为高碳发展阶段的碳生产力，世界平均水平为 2251.55 Intl＄/tCO_2。考虑到一些低人类发展水平的国家碳生产力非常高，所以采用人类发展指数进行检验，把低人类发展水平、高碳生产力的国家与高人类发展水平、高碳生产力的国家区别开来。为便于中国省区和城市与国际碳生产力的比较，统一单位口径，碳生产力的单位采用 Intl $/tCO_2。

（3）关于人均碳排放标准的确定，考虑到发达国家人均碳排放已经趋于相对稳定或呈下降趋势，考虑到全球控制温室气体排放的目标和现实困难，在 2020 年前人均碳排放水平小于 $5tCO_2$/人即可认为为低碳发展阶段，介于 $5—10tCO_2$/人之间为中碳发展阶段，大于 $10tCO_2$/人则为高碳发展阶段。

（4）关于人均消费碳排放的标准，考虑到发达国家工业、建筑和交通排放各占 1/3，所以把消费排放占总碳排放的比例按照建筑排放所占比例设定，因此，把人均碳排放水平标准各除以 3 以确定人均消费碳排放标准。如人均生活消费碳排放小于 $5/3tCO_2$/人，视为低碳发展阶段；介于 $5/3—10/3tCO_2$/人之间，视为中碳发展阶段；大于 $10/3tCO_2$/人，视为高碳发展阶段。

（5）可再生能源：能源消费结构是低碳发展水平的核心指标，2015 年 3 月，欧盟在应对气候变化自主贡献方案中承诺到 2030 年将其温室气体排放较 1990 年减少至少 40%。2011 年欧盟可再生能源占能源消耗总量的比例达到 13%，要求到 2020 年，可再生能源消费占到全部能源消费的 20%。

2015 年 6 月，中国应对气候变化国家自主贡献方案提出，2020 年行动目标包括非化石能源占一次能源消费比重达到 15% 左右，2030 年行动目标包括非化石能源占一次能源消费比重达到 20% 左右。鉴于以上标准，设定可再生能源占一次能源比例，如超过 50% 为低碳发展阶段；30%—50% 为中碳发展阶段；低于 30% 为高碳发展阶段。

第四章 国家低碳省试点
发展水平评价

2010—2017 年国家发改委开展了三批共 87 个低碳试点，其中广东省、辽宁省、湖北省、陕西省、云南省、海南省六省为低碳省试点，以下以六省中零碳能源消费比重最高的云南省为案例，分析其低碳发展水平与趋势。

第一节 云南省低碳发展的能源基础

云南省是国家首批低碳试点省区，也是国家首批生态文明建设先行示范区，地处中国西南边陲，北回归线横贯南部，气候兼具低纬气候、季风气候、山原气候的特点。云南省总面积 39.4 万平方公里，占全国总面积的 4.1%，行政区划包括 8 个地级市、8 个自治州，合计 16 个地级行政区划单位，著名的中国人口地理分界线西端腾冲位于云南省保山市境内。

云南能源资源得天独厚，尤以水能、煤炭资源储量较大，开发条件优越；地热能、太阳能、风能、生物能发展潜力显著。云南河流众多，全省水资源总量2256亿立方米，居全国第3位；水能资源蕴藏量达1.04亿千瓦，居全国第3位，水能资源主要集中于滇西北的金沙江、澜沧江、怒江三大水系；可开发装机容量0.9亿千瓦，居全国第2位。煤炭资源主要分布在滇东北，全省已探明储量240亿吨，居全国第9位，煤种较齐全，包括烟煤、无烟煤、褐煤等品种。地热资源以滇西腾冲地区的分布最为集中，全省有露出地面的天然温热泉约700处，居全国之冠，年出水量3.6亿立方米。太阳能资源较为丰富，仅次于西藏、青海、内蒙古等省区，全省年日照时数在1000—2800小时之间，年太阳总辐射量每平方厘米在90—150千卡之间，省内多数地区的日照时数为2100—2300小时，年太阳总辐射量每平方厘米为120—130千卡。

2016年云南省国内生产总值为14869.95亿元，在大陆31个省级行政区位居第20位，常住人口为4770.5万人，城市化水平为45.03%，比全国平均水平低12个百分点。2015年云南省一次能源消费总量为10356.56万吨标准煤，占全国总量的2.4%，云南能源消费结构中，水电等零碳能源比重超过40%，仅次于四川与青海。云南省委、省政府十分重视低碳发展工作，为贯彻落实国家发展改革委《关于开展低碳省区和低碳城市试点工作的通知》的精神和要求，2011年5月组织编制完成《云南省低碳发展规划纲要（2011—2020年）》和《云南省低碳试点实施工作方案》，作为指导全省低碳发展的重要依据。

第二节　云南省能源消费总体特征

一　云南省能源消费阶段

从云南省现代化进程的历程分析，能源消费与经济增长以及城市化进程的快速推进，特别是经济的增长和工业化进程的不断加速，构成了直接的正相关关系。1990年以来，云南省的能源消费增长可以分为两个阶段（参见图4-1）。

第一阶段，能源消费平稳中速增长阶段（1978—2000年）。改革开放以后，因经济增长和工业化的加速，云南省能源消费开始出现逐步加快的态势，年平均增速达到5.5%，年增长量达到了109.2万吨标准煤。

第二阶段，能源消费快速增长阶段（2000—2015年）。2000年以后，云南省能源消费显著加快，年增速为7.6%，为改革开放以来增长最快的时期，平均年

增长量超过了 459.2 万吨标准煤，为第一阶段的
4.2 倍。

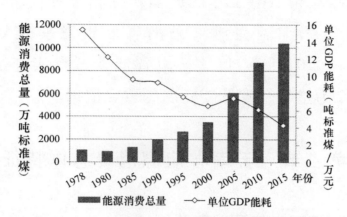

图 4 - 1　1978—2015 年云南省一次能源消费总量和单位 GDP 能耗变化

数据来源：《云南统计年鉴 2016》。

注：单位 GDP 能耗按照 1978 年价格计算。

二　云南省能源消费结构

与全国平均水平比较，云南省能源消费结构中零碳能源比重相对较高，结构相对较优（参见图 4 - 2）。1978—2015 年间，云南省零碳能源消费比重介于 14%—43% 之间，2015 年超出全国平均水平 30.8 个百分点。根据国家《可再生能源中长期发展规划》和中国应对气候变化国家自主贡献方案，2020 年中国可再生能源的消费比重将达到 15%，2030 年达到 20%。1991 年云南省水电等零碳能源消费比重就达到了 21.7%，从 2012 年起，这一比重超过了 30%，走在全国省区前列。

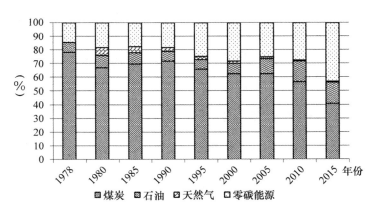

图 4-2　1978—2015 年云南省一次能源消费结构

三　云南省能源产消率（自给率）

一方面，云南省需要进一步提升能源生产力，另一方面，长期以来，云南省能源产消率（自给率）低于 100%，2008 年达到 101%，2015 年这一比重达到 107%。

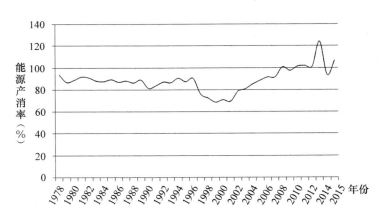

图 4-3　1978—2015 年云南省能源产消率（自给率）变化

第三节　云南省单位 GDP 能耗和能源
消费弹性系数变化

一　云南省单位 GDP 能耗

为进一步比较云南省经济发展与能源消费之间关系，在此将单位 GDP 增加值能源消耗的变化引入，作为一个重要指标进行分析。1978—2015 年，云南省单位 GDP 增加值能耗呈现持续下降趋势。尽管云南省能源消费结构优于全国平均水平和其他许多省份，但与一些发达国家和地区相比，但是单位 GDP 能耗较高，以 2015 年为例，云南省单位 GDP 能耗为 0.76 吨标准煤/万元，在 30 个省级行政区位处第 21 位。

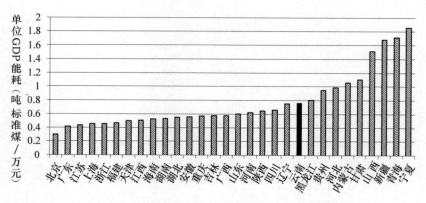

图 4-4　2015 年云南省单位 GDP 能耗及与其他省级行政区比较

注：单位 GDP 能耗按照 2015 年当年价格计算。

二 云南省能源消费弹性系数

云南省经济总量增长的相对平稳和能源消费增长的多变与非适应性变化，导致了云南省能源和电力消费弹性系数的波动。1980—2015 年的 35 年间，云南省能源消费弹性系数除了其中 8 个年份大于 1 以外，其余年份均小于 1（见图 4 – 5）。

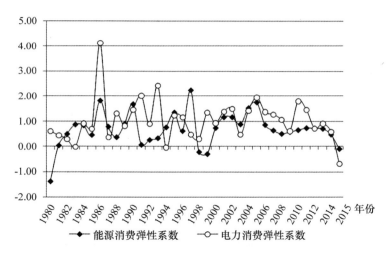

图 4 – 5　1980—2015 年云南省能源消费弹性系数变化

由图 4 – 5 可以看出，云南省能源消费弹性系数持续上升的年份，如 2005 年，主要是由于投资快速增长导致高耗能产业迅速发展，从而造成能源消费量快速增加。1978—2015 年，云南省工业比重介于 28% —40% 之间，其中 2015 年工业比重低于 30% ，第三产业比重超过 45% 。云南省电力消费弹性系数波动幅度总体大于能源消费弹性系数，资本有机构成和重工业比重的提高、城市化的加速推进和大规模基础设施建设、生活电力消费的快速增加以及终端能源结构的优化皆为导致电力消费弹性系数上升的原因。

第四节　基于能源资源的云南省低碳发展潜力分析

一　判断方法

为了探讨国家低碳经济发展基本途径选择的可行性，这里提出产业结构演进—能源消费关联、产业结构演进—单位能耗关联和能源结构—碳排放关联三个基本模型，以此揭示国家（地区）一次能源消费总量、单位产出能耗和碳排放变化的相互关系及作用。

第一，产业结构演进—能源消费关联模型。

这是建立在国家或地区产业结构演进与一次能源消费总量变化相关分析上的一种模型。模型建立的目的在于揭示产业结构演进与一次能源消费总量变化两者运动的轨迹，以便从整体上揭示国家或地区社会经济发展过程中一次能源消费变化的基本特征。其模型的数学表达方式为：

$$EEI = EU/ESD \tag{1}$$

　　其中，EU 为地区一次能源消费；ESD 为地区产业结构多元化演进程度（结构演进状态值）。ESD 的计算公式为：

$$ESD = \sum（P/P，S/P，T/P）（1\rightarrow\infty） \qquad （2）$$

　　其中，P 为第一产业产出，S 为第二产业产出，T 为第三产业产出。产业结构多元化的值域可以从 1 到无穷大。

　　第二，产业结构演进—单位能耗关联模型。

　　这是一种有关国家或地区产业结构演进与单位 GDP 能耗变化的相关分析模型。其目的在于认识国家或地区产业结构演进的节能效果和变化趋势。其模型的数学表达方式为：

$$EEE = EE/ESD \qquad （3）$$

　　其中，EE 为地区单位一次能耗系数；ESD 为地区产业结构多元化演进程度。

$$EE = EC/GDP \qquad （4）$$

　　其中，EC 为一次能源消费总量；GDP 为地区国内生产总值。

第三，能源消费结构—碳排放关联模型。

这一模型的功能在于揭示区域一次能源消费与碳排放两者相互作用，其模型的数学表达方式为：

$$CEEI = COE/EUSD \qquad (5)$$

在这里，COE 为地区年碳排放总量；EUSD 为地区一次能源消费结构变化状态。EUSD 的计算公式为：

$$EUSD = \sum (C/C, O/C, G/C, H/C) (1 \to \infty) \qquad (6)$$

在这里，C 为煤炭消费，O 为石油消费，G 为天然气消费，H 为水力、核能及太阳能等零碳能源消费。

（2）云南省产业结构与碳排放关联分析

为了准确把握云南省未来碳排放的趋势变化，必须对以往碳排放的规律有一个正确认识，这就是碳排放判断的基本内涵所在。

根据结构演进—碳排放关联模型对云南省 1978—2015 年的碳排放和产业结构演进进行多项式拟合分析，结果表明，拟合曲线显示产业结构演进和碳排放两者之间存在着显著的关联关系（$R^2 = 0.9384$）。为进一步揭示云南省经济发展与碳排放增长两者间的相互作用规律，采用结构演进—单位 GDP 碳排放关联分析，根据关联模型分析结果（见图4－6），可以看出：

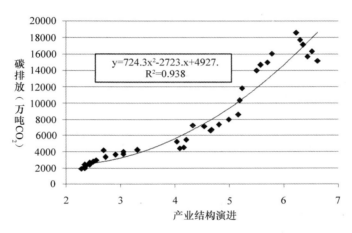

图4－6　1978—2015 年云南省产业结构与碳排放相关分析

在 1978—2015 年云南省现代化进程中，单位 GDP 碳排放随着产业结构演进由高向低发生变化，说明产业结构的升级是降低单位 GDP 碳排放的一个重要影响因素，两者之间的相互作用（$R^2 = 0.7821$）在整体上低于产业结构演进—碳排放总量两者关系（见图4－7）。当然，产业结构调整只是降低单位 GDP 碳排放的一个重要环节，单位 GDP 碳排放的降低除了调整产业结构外，还有技术进步、科学管理等环节。

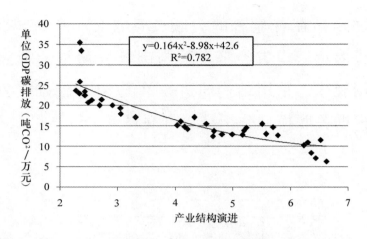

图 4 - 7 1978—2015 年云南省产业结构与单位 GDP 碳排放相关分析

（3）碳生产力变化

碳生产力是单位碳排放产出的地区生产总值，是衡量低碳发展水平的核心指标。1978—2015 年，云南省碳生产力（1978 年不变价，下同）显著高于全国平均水平，增幅也超过全国平均水平。2015 年，云南省碳生产力为 0.15 万元/吨 CO_2，比全国平均水平高出 30%。1978—2015 年，云南省碳生产力年均增幅为 4.7%，比全国平均水平高出 0.06 个百分点。

（4）人均能源消费碳排放变化

由于碳排放主要受能源消费总量、能源消费结构及技术水平等的影响，人口数量与碳排放并不存在显著的相关关系，人均碳排放最高的省区，人口却并不是最少的，反之亦然。2015 年云南省人口总量为 4741.8 万，人口密度为 120 人/km^2，比全国平均水平低 20%。2012 年以前，与全国趋势大致相同，云南人均能源消费碳排放总体呈不断上升态势，但明显低于全国平均，2012 年以后由于结构调整等因素，人均碳排放呈下降态势。

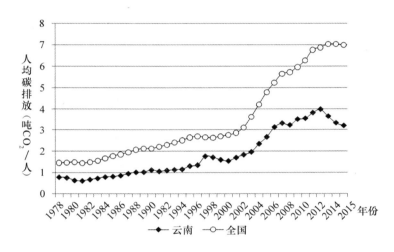

图 4 - 8　1978—2015 年云南省人均碳排放变化趋势

（5）能源碳强度变化

与前两项指标不同，能源消费量与碳排放量呈现出高度的相关性。碳能源排放系数的差别主要体现在区域能源利用结构、利用效率和技术基础等方面。由于能源消费结构的差异，云南省能源碳强度低于全国平均水平，且由于能源消费结构等的进一步优化，能源碳强度呈逐渐下降趋势。

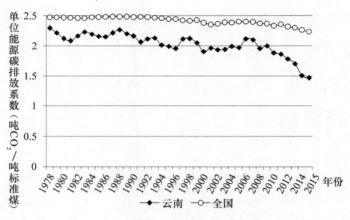

图4-9　1978—2015年云南省单位能源碳排放系数

第五节　云南省低碳发展水平测算

　　针对10个低碳发展指标的测算分析可以看出，云南省在现行发展阶段，其中很多指标，除了两个环境指标之外，云南省低碳发展水平领先全国平均水平（见表4-1）。这反映了一个现实，云南省正处于经济发展的低碳阶段，但是能源生产力水平存在较大差距。特别是云南省人类发展水平较低（见图4-10），根据中国人类发展报告2016年的测算，2014年云南省人类发展指数为0.668，仅高于西藏，不过可喜的是，云南省正在采取积极措施，加快向低碳经济转型，云南省在发展低碳经济的努力方面值得肯定，但也需要做出更大的努力。

表 4 - 1　　　　　2015 年低碳经济发展水平的衡量指标体系（相对值）

一级 指标	序号	二级指标	单位	全国平均	云南省
低碳产 出指标	1	根据产业结构调整的碳生 产力	元/tCO$_2$	0.713	0.904
	2	碳排放弹性	—	− 0.23	− 3.93
	3	重点行业单位产品碳排放	tCO$_2$	—	—
低碳消 费指标	4	人均生活能源消费碳排放	tCO$_2$／人	0.781	0.358
	5	人均能源消费碳排放	tCO$_2$／人	6.997	3.202
低碳资 源指标	6	单位能源消费的 CO$_2$ 排放 因子	tCO$_2$/tce	2.237	1.466
	7	非化石能源消费占一次能 源比例	%	12	42.8
环境质 量指标	8	单位面积 CO$_2$ 排放量	tCO$_2$／km^2	1002	385
	9	森林覆盖率	%	21.66	55.7
	10	化学需氧量排放强度	kg/万元	3.24	3.75
		二氧化硫排放强度	kg/万元	2.71	4.29

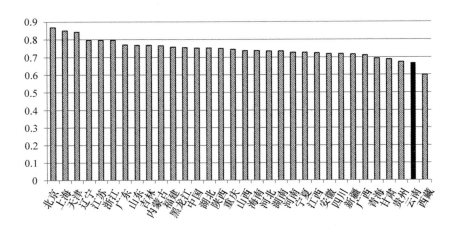

图 4 - 10　2014 年云南省人类发展指数及与其他省级行政区的比较

数据来源：《中国人类发展报告 2016——通过社会创新促进包容性的人类发展》。

第六节　云南省低碳发展的能源消费趋势判断和政策展望

作为中国首批低碳试点省和生态文明先行示范区，云南省已经初步具备低碳发展的基础和条件。云南省"十三五"发展规划纲要提出"争当全国生态文明建设排头兵"，以生态文明先行示范区建设为抓手，推动形成绿色发展方式和生活方式，加强生产、流通、消费全过程资源节约，深入推动全社会节能减排，推动资源利用方式向集约高效转变，构建资源可持续利用体系，建设天更蓝地更绿水更净空气更清新的美丽云南。在应对气候变化领域，要求主动控制碳排放，有效控制电力、钢铁、建材、化工等重点行业碳排放，通过节约能源和提高能效，增加森林、湿地碳汇等手段，有效控制二氧化碳等温室气体排放；建立全省温室气体排放统计核算考核体系、重点企（事）业温室气体排放报告制度、碳排放总量控制制度和分解落实机制（见表4-2）；落实全国碳排放权交易市场建设工作，推动碳排放权交易工作，支持和鼓励林业碳汇国家核证自愿减排交易项目；建立碳排放认证制度，推广低碳产品认证；强化云南气候变化科学研究和监测能力，提高水资源、农业、生物多样性保护、城市等领域适应气候变化水平；扎实推进国家低碳试点建设，积极开展低碳产业园区、社区、城镇等示范项目建设（见表4-3）。能源消费作为低碳发展的基础要素，把握能源消费趋势对于低碳发展前景起到至关重要的作用。

表4-2 　　　2016年云南省碳排放总量控制制度和分解落实机制任务

主要目标	重点任务
根据国家下达云南省的碳排放总量控制目标，综合考虑全省经济社会发展、能源消费总量（增量）、能源消费结构调整、能耗强度、碳强度下降等目标，研究确定全省碳排放总量和强度控制目标，提出各州、市碳排放总量和强度控制目标，切实制定和落实控制碳排放的各项政策措施，争取建设成为辐射南亚东南亚的全国区域性碳排放权交易中心，逐步建立碳排放总量控制制度和分解落实的长效机制，确保完成碳排放总量和强度"双控"的目标任务	1．建立碳排放总量控制制度。研究确定全省碳排放峰值，制定并落实多种控制碳排放政策措施，深化国家低碳试点省建设 2．建立碳排放总量目标分解落实机制。完善碳排放基础数据统计与核算，分解碳排放控制目标，加强目标责任考核 3．建立碳排放交易制度。落实全国碳排放权交易市场建设及运行完善

表4-3 　　　2016—2020年云南省应对气候变化工作目标

主要目标	具体任务
控制温室气体排放行动目标全面完成	单位国内生产总值二氧化碳排放比2005年下降50%以上，比2015年下降18%，非化石能源占一次能源消费的比重达到42%左右，森林面积、蓄积量和森林覆盖率分别达到2124.8万公顷、19.01亿立方米和60%。产业结构和能源结构进一步优化，工业、建筑、交通、公共机构等重点领域节能碳取得明显成效，工业生产过程等非能源活动温室气体排放得到有效控制，温室气体排放增速持续减缓

主要目标	具体任务
适应气候变化能力大幅提升	水资源、农业、城镇、生物多样性保护等重点领域和六大水系、九大高原湖泊、高寒山区、干热河谷等生态脆弱地区适应气候变化能力显著增强。2020年全省新增蓄水库容22亿立方米，新增供水能力27亿立方米，全省用水总量力争控制在215亿立方米以内，全省重要水功能区主要水质达标率85%以上；初步建立农业适应技术标准体系，农田灌溉水有效利用系数提高到0.55以上；森林生态系统稳定性增强，林业有害生物成灾率控制在4‰以下，森林火灾成灾率控制在1‰以下；城镇供水保证率显著提高；重点城市城区及其他重点地区防洪除涝抗旱能力显著增强；科学防范和应对极端天气与气候灾害能力显著提升，预测预警和防灾减灾体系逐步完善
试点示范取得显著进展	深化低碳试点省、市建设，积极争取国家级低碳发展、适应气候变化试点示范项目，建成一批各具特色、有典型示范意义的低碳城镇、低碳社区、低碳园区、低碳交通和低碳建筑项目，逐步完善低碳发展试点的配套政策，推广一批具有良好降碳效果的低碳技术和产品
能力建设取得重要成果	应对气候变化的基础理论研究、技术研发和示范推广取得明显进展。区域气候变化科学研究、观测和影响评估水平显著提高。气候变化相关统计、核算和考核体系逐步健全。人才队伍不断壮大。全社会应对气候变化意识进一步增强。应对气候变化管理体制和政策体系更加完善，落实全国碳排放交易市场建设。气候变化国内外交流和务实合作不断加强，建立气候变化对外合作长效机制

第一，大力提高零碳能源比重，优化能源消费结构。2015年，云南省能源消费呈现多元化趋势，水电等优质零碳能源在能源消费中占有较大的比重。2015年，水电等零碳能源在云南省能源消费中的比重为42.8%，比1978年上升28个百分点，零碳清洁能源已成为云南省能源保障体系的新亮点。

第二，建立单位GDP能耗和碳排放量审计与考核制度。目前国家已经设立了单位GDP能耗审计和考核制度，2009年11月，中国政府提出到2020年全国单位国内生产总值二氧化碳排放比 2005 年下降 40%—45%，从 2005—2015 年云南省单位国内生产总值二氧化碳排放年均下降 8%（1978 年不变价），在以后的十多年时间里应严格执行国家标准，同时建立单位 GDP 碳排放量审计和考核制度。

第三，优化产业结构，合理布局城乡空间结构体系。工业行业结构向轻型化的调整和行业产业链的延伸，重点是高耗能产业中落后产能、企业的淘汰与节能类高新技术产业的快速扩张和发展，以期尽快实现有效的产业结构性节能；合理布局城乡空间结构体系，大力发展低碳建筑和低碳交通。

第四，加强国际合作，开展能源、资金与技术交流。云南省作为面向东盟和"一带一路"倡议的重要阵地，在新兴能源产业方面的发展，既要适度控制能源消费总量的增长规模，也要学习和借鉴国际先进经验，全面加快新技术、新能源的运用，尤其是清洁能源和可再生能源的强力推广运用，与低碳发展的先进区域开展低碳技术和资金合作。

第五章　国家低碳省试点近零碳排放区示范工程建设

2016 年 3 月，国家"十三五"规划纲要提出"深化各类低碳试点，实施近零碳排放区示范工程"，2016 年 10 月，国家《"十三五"控制温室气体排放工作方案》明确提出"创新区域低碳发展试点示范。选择条件成熟的限制开发区域和禁止开发区域、生态功能区、工矿区、城镇等开展近零碳排放区示范工程，到 2020 年建设 50 个示范项目"。

广东省作为中国改革开放的前沿，经过 30 年来的飞速发展，已成为中国经济最发达的省份。广东省作为国家首批低碳试点省之一，积极探索"零碳"发展新模式，2017 年 1 月起率先开展实施近零碳排放区示范工程。广东省相继开展了碳排放权交易、低碳城镇、低碳园区、低碳社区、碳普惠制、低碳产品认证等试点示范工作，并在绿色建筑、绿色交通、新能源开发和利用、碳捕集利用封存技术等新兴领域作出了积极探索，为实施近零碳排放区示范工程奠定了良好的工作基础。

近零碳排放区示范工程是指基于现有低碳试点工作基础、涵盖多领域低碳技术成果，在工业、建筑、交通、能源、农业、林业、废弃物处理等领域综合利用各种低碳技术、方法和手段，以及增加森林碳汇、购买自愿减排量等碳中和机制减少碳排放，使指定评价范围内的温室气体排放量逐步趋近于零并最终实现绿色低碳发展的综合性示范工程。实施近零碳排放区示范工程，是对现阶段低碳试点工作的整合提升，有利于低碳技术研究成果的集成推广，能够为实现更高层次"零碳"发展目标探索路径、创新示范和积累经验。

第一节　广东省能源消费总体特征

广东省位于中国大陆最南端，辖 21 个地级市，总面积 17.97 平方公里。2016 年广东省国内生产总值为 79512.05 亿元，占全国国内生产总值总量的 10.69%，常住人口 10999 万人，均位居全国省级行政区第 1 位。2016 年广东省城市化率为 69.2%，远高于全国 57.35% 的平均水平，仅次于上海、北京和天津，在省区中居于第 1 位。2015 年广东省一次能源消费总量为25662.31 万吨标准煤，占全国总量的 5.9%，电力消费量为 5310.69 亿千瓦小时，占全国总量的 9.3%。

广东省也属于能源调入大省，是能源资源十分匮乏的省份，2015 年人均拥有常规能源储量不足 0.134 吨标准煤，不到全国人均储量的 0.1%，能源产消率（自给率）仅为 26.74%，对外依存度高。从目前广东省能源生产—消费格局看，广东省已经是能源净输入大省，未来的发展将使广东省能源对外依存度进一步提高。为努力提高能源利用效率，积极通过优化产业结构和加快产业升级减少能耗、降低碳排放，2009 年广东省在国内率先编制《低碳经济发展试点方案》，积极推进"广东省发展低碳经济路线图及促进政策研究"项目，力争在低碳经济发展和低碳社会建设方面继续引领时代潮流，同时这也是应对能源短缺和气候变化卓有成效的措施。

一 广东省能源消费阶段

从广东省现代化的历程分析，能源消费与经济增长以及城市化进程的快速推进，特别是经济的增长和工业化进程的不断加速，构成了直接的正相关关系。1990 年以来，广东省的能源消费增长可以分为三个阶段（见图 5-1）。

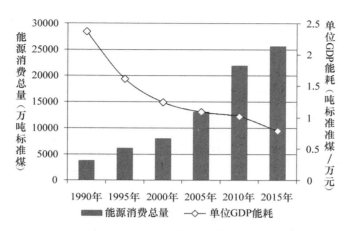

图 5 - 1 1990—2015 年广东省一次能源消费总量和单位 GDP 能耗变化

第一阶段，能源消费平稳中速增长阶段（1990—2000 年）。改革开放以后，因经济增长和工业化的加速，广东省能源消费开始出现逐步加快的态势，年平均增速达到 8%，年增长量达到了 429.32 万吨标准煤。

第二阶段，能源消费快速增长阶段（2000—2010 年）。2000 年以后，广东省能源消费显著加快，年增速为 10.64%，为改革开放以来增长最快的时期，平均年增长量超过了 1395.87 万吨标准煤，为前 10 年的 3.25 倍。

第三阶段，能源消费稳定增长阶段（2010—2015 年）。2010 年以后，由于结构调整和技术进步等因素，广东省能源消费增速变缓，年增速为 3.18%，平均年增长量为 744 万吨标准煤。

二 广东省能源消费结构

与全国平均水平比较，广东省能源消费结构中煤炭比重相对较低，结构相对较优。1990—2015 年间，广东省煤炭消费比重介于 42%—57% 之间（见图 5 - 2），平均比全国水平低十多个百分点。

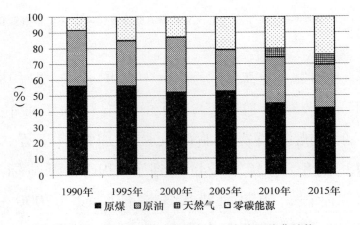

图 5 - 2　1990—2015 年广东省一次能源消费结构

根据国家《可再生能源中长期发展规划》，2020 年中国可再生能源的消费比重将达到 15%，2030 年达到 20%。2000 年广东省水电等零碳能源消费比重就达到了 12.6%，从 2004 年起，这一比重超过了 20%，走在全国省区前列。

除了水电外，核电对广东省能源消费结构优化功不可没。坐落在广东省深圳市龙岗区的大亚湾核电基地，是中国目前在运行核电装机容量最大的核电基地，拥有大亚湾核电站、岭澳核电站一期、岭澳核电站二期，共六台百万千瓦级压水堆核电机组，年发电能力约 450 亿千瓦时。大亚湾核电基地 2016 年度上网电量达 449.59 亿度，其中向中国香港地区供电 116.21 亿度。至此，大亚湾核电基地累计上网电量达 6180.51 亿度，其中对中国香港地区供电累计已超过 2200 亿度，达 2236.41 亿度。建立安全、经济、清洁、多元化的能源供应体系已上升为广东省发展战略（见表 5 - 1）。

尽管广东省能源消费结构优于全国平均水平和其他许多省份，但与一些发达国家和地区相比，煤炭等高碳能源比重仍然较高，能源消费结构优化依然具有较大潜力。

表 5 - 1　　　　　　2016—2020 年广东省低碳能源体系建设

序号	建设领域	建设方案
1	强化能源碳排放指标约束	实施能源消费总量和强度双控，基本形成以低碳能源满足新增能源需求的能源发展格局。到 2020 年，全省能源消费总量控制在 3.38 亿吨标准煤以内，单位 GDP 能耗比 2015 年下降 17%，非化石能源比重达到 26%。逐步建立电力、钢铁、建材、化工等重点行业单位产品碳排放约束机制，大型发电集团单位供电二氧化碳排放控制在 550 克二氧化碳/千瓦时以内
2	强力推进能源节约	严格实施节能评估审查，强化节能监察。推动工业、建筑、交通、公共机构等重点领域节能降耗。实施全民节能行动计划，组织开展重点节能工程。健全节能标准体系，实施《广东省节能标准体系规划与路线图（2016—2020 年）》，构建能源资源计量监管和服务体系。实施能效领跑者引领行动，全面推动水泥、玻璃、造纸、纺织、钢铁、石化、有色金属等重点耗能行业开展能效对标。推行合同能源管理，大力发展节能服务产业

续表

序号	建设领域	建设方案
3	大力发展非化石能源	积极开发利用风电、太阳能、生物质能、中小水电等可再生能源，安全高效发展核电，推进抽水蓄能电站建设，合理安排"西电东送"规模。到 2020 年，力争风电装机达到 800 万千瓦，光伏装机达到 600 万千瓦，核电装机达到 1600 万千瓦，抽水蓄能发电装机达到 728 万千瓦，增加接收西南水电 500 万千瓦以上
4	优化利用化石能源	控制全省煤炭消费总量，2020 年控制在 1.75 亿吨以内。实施珠三角地区煤炭消费减量管理，2020 年珠三角地区煤炭消费量下降 12% 左右。加快天然气利用设施建设，到 2020 年，力争天然气主干管道通达全省 21 个地级以上市，燃气占能源消费总量比重提高到约 12%。推进煤炭清洁高效利用，全面实施燃煤电厂超低排放和节能改造，省内 10 万千瓦以上现役煤电机组（暂不含循环流化床锅炉和 W 型火焰锅炉）在 2017 年前完成超低排放和节能改造。实施燃煤锅炉节能环保综合提升工程，全省各市禁燃区（含城市建成区）内全面淘汰高污染锅炉，珠三角地区一并淘汰禁燃区外 10 蒸吨/小时以下高污染锅炉。稳步推进"煤改电"、"煤改气"替代改造，合理建设热电联产、分布式能源等集中供热设施，加快淘汰分散燃煤小锅炉，到 2020 年，全省集中供热量占供热总规模达到 70%。实施成品油质量升级行动计划，适时推广使用国 VI 标准车用燃油，大力推进天然气、电力替代交通燃油

第二节　广东省低碳试点示范深化

目前，广东省规划提出推进低碳城市、园区和社区试点示范。包括制定深化试点工作的相关指引文件，深入推进省级低碳城市试点和低碳园区、低碳社区的试点示范工作，建立健全试点评价指标体系和考核机制，及时总结各类试点在不同主体、不同发展模式下的示范经验，逐步扩大示范范围，促进试点低碳发展经验在全省范围内有效推广。

深化绿色低碳产品认证试点。包括完善已制定的铝合金建筑型材等绿色低碳产品的评价方法，鼓励更多企业申报国家绿色低碳产品认证证书，组织企业参与研发行业绿色低碳产品的评价规范等，逐步扩大绿色低碳产品认证的覆盖范围。率先针对珠三角地区特别是自由贸易试验区的企业开展绿色低碳产品认证培训等推广工作，进一步完善产品碳足迹评价通则，选定造纸和纺织行业相关产品，深度开展碳足迹试评价，加快建立粤港碳标签互认制度。

深入开展碳普惠制试点。加快出台碳普惠制减排量核算方法学及核证管理办法等相关规范性文件，促进广州、韶关、河源、惠州、东莞、中山等首批试点城市加快推广碳普惠制工作，大力发展碳普惠制平台会员，提升用户活跃度。总结碳普惠制试点经验，逐步扩大碳普惠制覆盖范围，力争 2020 年碳普惠制在全省范围内深入推进（见表 5 - 2）。

其中碳普惠制是广东省低碳示范深化的亮点，是指为小微企业、社区家庭和个人的节能减碳行为进行具体量化和赋予一定价值，并建立起以商业激励、政策鼓励和核证减排量交易相结合的正向引导机制。推广碳普惠制，有利于落实应对气候变化及低碳发展工作的部署要求，调动全社会践行绿色低碳行为的积极性，树立低碳、节约、绿色、环保的消费观念和生活理念，扩大低碳产品生产和消费，拉动低碳经济和产业发展，加快形成政府引导、市场主导、全社会共同参与的低碳社会建设新格局。

表 5 - 2　　　　　　　　　广东省碳普惠制试点建设思路

序号	建设试点领域	建设思路
1	社区（小区）	以每户居民为普惠对象，根据数据可获取情况，可选择节约用电、节约用水、节约用气、减少私家车出行、垃圾分类回收等为低碳行为试点，制定各低碳行为减碳量核算规则，并制定相关激励政策。试点成熟后可在其他社区进行推广，并统计试点社区的居民减碳总量，探索社区整体碳减排量与碳交易进行对接
2	公共交通	以公交出行的市民为普惠对象，根据地市实际情况，以先易后难为原则，选择 BRT、公共自行车、用清洁能源的公交（LNG、LPG、混合动力等）、轨道交通等作为低碳交通试点，确定乘坐各类低碳出行行为的减碳量核算规则，并制定相关激励政策。试点成熟后可逐步扩大低碳交通范围
3	旅游景区	以游客为普惠对象，根据景区实际情况，可选择乘坐环保车（船）、购买非一次性门票等为低碳行为试点，确定各行为的减碳量核算规则，并制定相关激励政策。试点成熟后可在其他景区进行推广
4	节能低碳产品	以低碳产品消费者为普惠对象，根据本地区实际情况，低碳行为可选择购买节能冰箱、节能空调等节能电器或者购买低碳认证产品，试行"碳币 + 现金 = 产品 + 返碳币"的模式。确定购买各类节能产品、低碳认证产品的减碳量核算规则，并制定相关激励政策。试点成熟后可扩大产品范围

第三节　广东省近零碳排放区示范工程试点任务

按照国家和省有关近零碳排放区示范工程要求，

选取具有减碳潜力和推广价值的对象开展试点，针对试点的历史碳排放情况进行摸查或对新建项目投产后的碳排放进行预估，设定其实现近零碳排放的目标和采取的技术路线，引导项目的建设与运营，并对实施效果进行跟踪评估并持续改进。

试点应根据自身碳排放特点，制定近零碳排放目标，在一定时期内逐步减少排放源（减排）和增加吸收汇（增汇），并最终实现零碳排放。减少排放源主要通过降低能耗、提高能效、能源替代等途径，增加吸收汇主要通过自身开展植树造林、植被保护与恢复、森林经营、林地管理和购买社会上认可的国家自愿减排量、广东省碳普惠减排量等途径。

根据广东省近零碳排放区示范工程实施方案，近零碳排放区示范工程主要发展目标是：到 2018 年，选择若干个有代表性的城镇、新区、行业、社区、园区和企事业单位，组织开展示范工程项目建设；制定全省近零碳排放区示范工程总体技术路线图，并初步建立效果评估预测模型和动态跟踪评价机制。到 2020 年，完成示范工程项目建设，推进"零碳"技术创新研发与应用，组织对试点地区实施效果进行动态跟踪评价。到 2025 年，宣传推广广东省近零碳排放区建设经验，在全社会各行业领域引领"零碳"发展新风尚，为全国其他地区提供可借鉴、可复制、可推广的实践经验。近零碳排放试点优先在城镇、建筑、交通、城市和农村社区、园区、企业等六个领域开展（见表5-3）。试点对象应需综合利用建筑、交通、能源、工业、农业、林业、废弃物处理等领域各种低碳技术、方法和手段，以及实施碳中和、增加森林碳汇等机制，最大限度地减少温室气体排放（见表5-4）。

表5-3　　　　　广东省近零碳排放区示范工程试点对象选择

序号	试点对象选择	具体要求	申报主体条件
1	城镇	主体为各级行政主管部门，优先考虑新建开发区以及国家低碳城（镇）、国家绿色生态示范区、国家新能源示范城市、省低碳试点市、县（区）等相关低碳试点范围内的城镇，或已编制温室气体清单和低碳发展规划、低碳基础设施较好、区域内能源使用以电为主、单位碳排放强度较低的城镇	该行政区域的政府机关或管理机构，并征得所在地级以上市政府的同意，具有较好的低碳工作基础，区域人口密度≥800人/平方公里，建成区人均公园绿地面积≥20平方米，可再生能源占比≥5%，单位GDP碳排放强度≤0.64吨二氧化碳当量/万元，人均碳排放量≤4.31吨二氧化碳当量/人·年
2	建筑	主体为建筑项目开发商或运营单位，优先考虑新建建筑项目、公共建筑改造项目以及建设或运营符合国内外绿色建筑评价标准的建筑，例如学校、政府大楼、体育馆、会展中心、商场、酒店、住宅、写字楼等	建筑项目开发商、业主或具体管理运营单位（要求提供项目产权或授权证明），具有较好的低碳工作基础，单体建筑工程建筑面积≥5000平方米，建筑群体工程建筑面积≥1万平方米，获得绿色建筑三星或可再生能源占比≥5%
3	交通	主体为交通管理部门或交通行业企事业单位，优先考虑拥有以电动新能源汽车为主的公共交通、出租车和汽车租赁企事业单位	交通管理部门或交通行业企事业单位，具有较好的低碳工作基础，能源消费以电力、天然气为主，可再生能源占比≥5%或获得绿色港口、绿色公路、绿色站场等绿色交通示范项目称号

续表

序号	试点对象选择	具体要求	申报主体条件
4	社区	主体社区居民委员会、村民委员会、开发商或物业公司，优先考虑新建社区以及国家低碳城（镇）、国家绿色生态示范城区、国家新能源示范城市、国家低碳社区、省低碳试点市及县（区）、省级低碳社区等相关低碳试点范围内的社区，或符合国内外绿色建筑评价标准、具备大规模使用可再生能源条件的社区	社区居委会、村委会、开发商或物业公司，具有较好的低碳工作基础，社区绿地率≥30%，可再生能源占比≥5%，居住小区单位建筑面积能耗≤40千瓦时/平方米·年，农村社区要基本完成农村环境综合整治任务
5	园区	主体为园区管理委员会、经济开发区管理委员会等，优先考虑新建园区以及国家低碳城（镇）、国家新能源示范城市、国家低碳工业园区、国家生态工业示范园区、省低碳试点市及县（区）、省级低碳园区等相关低碳试点范围内的园区，或以发展高新技术产业为主、经济发展条件较好、具有集中供热（冷）条件的园区	园区管委会或经济开发区管委会，具有较好的低碳工作基础，工业和商贸园区完成建设投资额≥10亿元，农业园区规模≥1000亩，可再生能源占比≥5%，工业园区固体废弃物处置利用率≥50%，工业用水重复利用率≥65%
6	企业	主体为企事业单位，优先考虑能源结构以电力为主、具有较强碳排放管理水平、社会责任感强的加工制造业企业	在广东省内注册、具有独立法人资格的企事业单位，具有较好的低碳工作基础，年营业收入≥2000万元，可再生能源占比≥5%，能源消费以电力、天然气为主，单位产值或产品碳排放强度与国内同行业企业平均值相比低20%以上

表5-4　　　广东省近零碳排放区示范工程低碳技术方案选择

序号	低碳发展领域	技术方案
1	建筑领域	低碳建筑设计技术、低碳建筑施工技术、低碳建筑材料、节能通风空调系统、节能照明系统、建筑可再生能源系统、建筑节能控制系统等

续表

序号	低碳发展领域	技术方案
2	交通领域	新能源汽车、机动车节能技术、快速充电技术、智能交通运输管理系统等
3	能源领域	可再生能源利用技术、化石能源高效清洁利用技术、分布式能源技术、先进储能技术、智能电网技术等
4	工业领域	低能耗低排放制造工艺及装备技术、资源循环利用技术、能源回收利用技术、CCUS（碳捕集、利用与封存技术）等
5	农业领域	保护性耕作技术、农业废弃物资源化技术、肥料施用控制技术、农药控制技术、节能节水灌溉技术、农牧业生产耦合技术等
6	林业领域	减少毁林、植树造林等
7	废弃物处理领域	垃圾分类技术、垃圾回收技术、垃圾焚烧发电技术、有机垃圾厌氧发酵技术、沼气发电技术等
8	碳中和机制	购买CCER（中国核证自愿减排量）、购买林业碳汇、购买广东省碳普惠制核证减排量等抵消项目碳排放

第四节　美国加州低碳发展政策对广东省的启示

与广东省相同，美国加州GDP位居全国第一。2016年，加州经济总量达到26560.8亿美元，占美国比重为14.17%，超过英国，成为全球第五大经济体，同期广东经济总量为11970.56亿美元，为全球经济体第15位。加州是国内低碳发展的领军地区，低碳发展政策已经比较成熟，广东省近零碳排放区示范工程实施方案提出，加强交流合作，开展与美国加州、中国香港等先进地区在低碳政策与技术方面的交流，借鉴吸收国际先进经验和技术。

能源效率是加州以清洁、可靠和低成本能源利用方式满足能源需求的最优先资源。多年来，加州一直实行节能和提高效率政策，并且在积极投资方面领先全国。加州能源效率计划及投资最大的效益包括：降低能源供应成本和用户的电费；增强加州经济实力；维持稳定的能源服务，降低价格的波动性；减少发电引起的空气污染、温室效应气体和其他环境影响，保护环境；减少最终用户的用水量而节省用水；成为其他州能源效率的典范。

加州具有丰富的清洁能源资源，水力发电潜力在美国仅次于华盛顿州排名第二，沿太平洋海岸山脉有丰富的地热和风能资源，东南部沙漠地带太阳能发电潜力巨大。在加州能源构成中，天然气发电占53.4%，核电占15.7%，大型水电占14.6%，燃煤发电占1.7%，清洁能源占14.6%。其中清洁能源主要包括：风能、太阳能、生物能、地热、小水电等。加州是美国可再生能源政策的领头者，加州政府2002年就制定出到2017年清洁能源在整个能源构成占比超过20%的目标，2004年又将此目标提高到2020年占比33%的水平。2017年2月，加州为可再生能源部署和温室气体减排制定了宏伟目标，提出到2030年温室气体在1990年基础上减排40%的减排目标。

广东省"十三五"控制温室气体排放工作实施方

案，提出实现到 2020 年单位 GDP 二氧化碳排放比 2015 年下降 20.5%、碳排放总量得到有效控制的目标，推动全省二氧化碳排放在全国率先达到峰值。在强化能源碳排放指标约束方面，实施能源消费总量和强度双控，基本形成以低碳能源满足新增能源需求的能源发展格局，到 2020 年，全省能源消费总量控制在 3.38 亿吨标准煤以内，单位 GDP 能耗比 2015 年下降 17%，零碳能源比重达到 26%。目前，广东省工业化进程已处于工业化后期阶段，并将于 2020 年左右进入后工业化阶段，随着工业化进程与城镇化进程即将进入成熟阶段，广东省相关碳排放总量增长将总体放缓，广东省在碳排放增长内在动力总体放缓的基础上，应借鉴加州经验，积极采取措施实现广东省碳排放早日达峰，包括差异化碳排放总量和强度控制机制、碳交易市场机制等创新体制机制。

第六章　国家低碳城市试点零碳发展情景分析

第一节　国家低碳城市试点零碳发展的背景与基础

一　控制温室气体排放目标

国家第二批低碳试点具体任务包括建立控制温室气体排放目标责任制，第三批低碳试点则提出建立控制温室气体排放目标考核制度，与中国应对气候变化的国家自主贡献方案密切相关。国家自主贡献（INDC）是在2013年《联合国气候变化框架公约》第十九次缔约方会议上提出的国家自主贡献温室气体减排目标承诺机制，并在2014年第二十次缔约方会议上得以确定，根据会议有关决议要求，由各国自主提出应对气候变化的行动目标。2015年2月至2017年4月，共有190个经济体提交了162份国家自主贡献（IN-

DC）方案，其中温室气体减排承诺是国家自主贡献（INDC）的核心内容。

《巴黎气候变化协定》提出把全球平均气温升幅控制在工业化前水平2℃之内，并努力将气温升幅限制在工业化前水平以上1.5℃之内，2016年启动的IPCC第六次评估报告决定编写三个主题的特别报告，其中之一即为全球升温幅度达到1.5℃的影响及温室气体排放途径。欧盟、美国等发达经济体提出了固定基年绝对量减排目标。中国提出了碳强度减排目标，以2005年为基准年，在2030年下降60%—65%；碳排放于2030年左右达到峰值；在2030年非化石能源目标达到20%左右。基于以上目标，2015年10月《中共中央关于制定国民经济和社会发展第十三个五年规划的建议》提出，"主动控制碳排放，加强高能耗行业能耗管控，有效控制电力、钢铁、建材、化工等重点行业碳排放，支持优化开发区域率先实现碳排放峰值目标，实施近零碳排放区示范工程"。

二　碳中和、近零碳排放、零碳排放

所谓碳中和，即碳源（碳排放）和碳汇（碳吸收）数量平衡，相互抵消的现象和过程。在第三批国家低碳试点中，有九个市（县）低碳创新的重点包括创建碳中和示范区工程（见表6-1）。

表6－1　　　　第三批国家低碳试点碳中和示范工程一览表

省份	城市（区县）	碳排放峰值年	低碳创新重点
江西	吉安市	2023	探索在农村创建低碳社区及碳中和示范工程
	抚州市	2026	在资溪县创建碳中和示范区工程
湖北	长阳土家族自治县	2023	在清江画廊旅游区、长阳创新产业园、龙舟坪郑家榜村创建碳中和示范工程
海南	三亚市	2025	选择独立小岛区域创建碳中和示范工程
西藏	拉萨市	2024	创建碳中和示范工程
甘肃	敦煌市	2019	全面建设碳中和示范工程
宁夏	吴忠市	2020	在金积工业园区创建碳中和示范工程

关于近零碳排放的界定与概念，目前尚未有权威的文件。从能源消费视角分析，一是取决于能源消费碳排放系数，二是能源消费结构中零碳能源的比例。在能源品种中，煤炭消费平均碳排放系数为 $2.741\ tCO_2/tce$，石油为 $2.136tCO_2/tce$，天然气为 $1.626tCO_2/tce$，本文把碳排放系数高于 $2tCO_2/tce$ 的煤炭和石油界定为高碳能源，碳排放系数低于 $2tCO_2/tce$ 的天然气界定为低碳能源。核能，水电、生物质能等可再生能源为零碳能源。

根据 BP 能源统计资料，2016 年世界平均能源消费碳排放系数为 $1.763tCO_2/tce$，最低的挪威为 $0.541tCO_2/tce$。世界能源消费结构中挪威、瑞典、瑞士、法国、芬兰、新西兰、巴西、加拿大八个国家零碳能源比重超过了1/3，其中挪威、瑞典、瑞士三国零碳能源比重超过了1/2。加勒比岛国特立尼达和多巴哥在能源消费结构中，尽管零碳能源比重仅为0.01%，但低碳能源天然气比例接近90%，碳排放系数仍低于1tCO$_2$/tce（见表6-2）。

表6-2　　　2016年部分国家能源消费结构及碳排放系数

国家/地区	零碳能源比重（%）	碳排放系数（tCO$_2$/tce）	能源消费结构（%）					
			石油	天然气	煤炭	核能	水电	可再生能源
挪威	67.86	0.541	21.43	9.02	1.69	0.00	66.77	1.09
瑞典	65.93	0.658	28.14	1.62	4.31	27.21	27.03	11.69
瑞士	50.73	0.994	38.56	10.22	0.49	18.26	29.49	2.98
法国	47.85	0.938	32.38	16.24	3.53	38.68	5.71	3.46
芬兰	45.12	1.151	33.17	6.60	15.11	19.56	13.16	12.41
新西兰	38.87	1.151	35.71	19.74	5.69	0.00	27.44	11.43
巴西	36.78	1.077	46.61	11.06	5.55	1.21	29.19	6.38
加拿大	36.47	1.120	30.61	27.26	5.66	7.04	26.64	2.79
特立尼达和多巴哥	0.01	0.934	11.13	88.86	0.00	0.00	0.00	0.01
中国	13.02	2.092	18.95	6.20	61.83	1.58	8.62	2.82
世界	14.48	1.763	33.28	24.13	28.11	4.46	6.86	3.16

数据来源：http://www.bp.com/en/global/corporate/energy-economics/statistical-review-of-world-energy.html。

与碳中和碳源、碳汇相互平衡界定不同，关于近零碳排放的界定，从能源利用视角看，若能源消费结构中零碳能源的比例达到90%，即使另外10%的能源消费全部使用煤炭资源，能源消费碳排放系数也低于 0.28tCO$_2$/tce。因此界定能源消费结构中零碳能源的比例达到 90% 以上，能源消费碳排放系数低于 0.25tCO$_2$/tce 被视作近零碳排放区。

第二节　零碳示范工程创建的案例分析

一　高比例可再生能源示范建设

2016 年 1 月，国家能源局批复安徽省金寨县为第一批高比例可再生能源示范城市，同年 11 月批复西藏日喀则、甘肃敦煌市以及江苏扬中为第二批高比例可再生能源示范城市。计划到 2020 年，敦煌市可再生能源占能源消费总量比重达到 100%，日喀则市达到 64%，扬中市达到 33%。

其中，金寨以高比例可再生能源利用为核心，到 2020 年基本建成国家高比例可再生能源能源示范县，能源清洁化水平达到国内领先，到 2025 年能源清洁化水平达到国际一流，全县能源消费基本实现由可再生能源提供；日喀则的可再生能源供热以太阳能热发电热电联产为主，可再生能源发电方面将以农光互补、牧光互补为主的万亩光伏＋生态设施农业产业示范园区建设为主，建设绿色照明体系；敦煌市则将建设太阳能热发电、光伏协同示范基地，实现 100% 可再生能源电力消纳；扬中将重点建设总装机容量400MW以上的屋顶分布式光伏发电，建设新能源微电网，适度开发农光、渔光项目，建设低风速风电场、开展生物质沼气利用，实现清洁能源替代，发展绿色交通等。

二　零碳示范工程与零碳城市建设

根据发展规划，到2020年实现可再生能源占能源消费总量比重达到100%，即全面建设零碳示范工程，建成零碳城市，在国家87个低碳试点中，只有敦煌市符合建设条件。以下以敦煌市为例，介绍敦煌市重点示范工程建设情况。

（1）敦煌市低碳城市试点工作计划

2017年1月，敦煌市获批第三批国家低碳城市试点，根据《国家发展改革委关于开展第三批国家低碳省区和低碳城市试点工作的通知》（发改气候〔2016〕1010号）文件精神，敦煌市提出低碳城市试点的发展目标，即减少城市发展对化石能源的依赖，提高清洁能源利用在城市能源消费中的比重，增强城市可持续发展能力，同时以清洁能源和旅游文化平台为纽带，推动敦煌市和沿线地区的低碳发展，扩大敦煌市低碳文化在世界的知名度和影响力（见表6-3）。

在优化能源消费结构领域，敦煌市提出以优化调整能源结构为出发点，培育新能源产业，大力发展风能、太阳能和生物质能等新能源产业，积极实施煤改电集中供热、油改气（电）、农村太阳能房、绿色交通、城乡居民厨具电气化推广等清洁能源应用示范工程，合理调控化石能源消费向清洁能源转型；拓展天然气应用领域，将天然气作为近期的"过渡燃料"，做好天然气管网改扩建工程。到 2020 年，化石能源消耗比重比 2015 年下降 10%。

加大对新能源的投资力度，积极开展分布式光伏发电、推广利用太阳能、风能等可再生能源，扩大新能源推广应用，重点推进建成国家级太阳能热发电示范基地、光伏领跑者发电基地，并利用这两个基地建成国家首个光伏光热协同外送示范基地，到 2020 年全市风电装机达到 200 万千瓦，重点推进建成光伏光热协同示范基地、新型风力发电基地，到 2020 年全市风电装机达到 100 万千瓦，全市光电装机 300 万千瓦。加大石材、钒矿等工业领域新能源的应用比重，推广实施风电供暖、建筑节能、新能源电动汽车、屋顶分布式光伏电站和太阳能热水器等工程，在文博会场馆等新建工程中充分应用新能源技术，新增能源消费 100% 为可再生能源。

表6-3   敦煌市低碳城市试点建设任务目标

	指标名称	单位	指标值		
			2015年基本值	2020年目标值	变化率
1	碳排放总量	万吨二氧化碳	106	100.3	-5.38%
				峰值年115	8.49%
2	单位GDP二氧化碳排放	吨二氧化碳/万元	1.038	0.639	-38.44%
3	单位GDP能源消耗	吨标煤/万元	0.561	0.477	-14.97%
4	非化石能源占一次能源消费比重	%	20	100	500%
5	第三产业增加值比重	%	58.38	60.3	3.29%
6	城镇化率	%	63.84	71	11.16%
7	森林覆盖率	%	6.9	7.9	14.49%
8	城市建成区绿化覆盖率	%	36.4	38.3	5.22%
9	年均空气质量指数（AQI）	—	\	改善	—
10	PM2.5平均浓度	微克/立方米	\	改善	—
11	新建绿色建筑比例	%	90	95	5.56%
12	公共交通出行比例	%	55	60	9.09%
13	国家低碳园区、低碳社区数量	个	0	1	—
14	城区居住小区生活垃圾分类达标率	%	98	100	2.04%

（2）敦煌市近零碳排放区示范工程建设

敦煌市以近零碳排放为低碳城市创建主导理念，结合千万千瓦级可再生能源基地和敦煌市国际历史文化名城建设，创新低碳试点工作机制，在供暖、旅游、交通、文化等领域全面推进敦煌市近零碳排放区示范工程建设，将"近零碳排放"打造成敦煌市另外一张享誉世界的名片。

第一，供暖制冷低碳化。在建及规划的新建建筑必须采用新能源电力供暖制，对城区现有的两个供热厂进行煤改电，对敦煌市所有的旅游场所进行全面可再生能源电力消纳改造，尝试对既有公共建筑进行分布式光伏改造和推广，利用水源和土壤源热泵技术，实施办公楼、家属楼及商业住宅供热制冷，配套开展电网工程建设，逐步实现供热制冷近零碳排放。在建及规划的新建建筑必须采用新能源电力供暖制，对500万平方米既有建筑进行煤改电，尝试在全市新建建筑及规划建筑的南立面推广建设50兆瓦光伏建筑一体化项目。

第二，旅游低碳化工程。实现敦煌市全部景区内用车为可再生能源汽车，对外地到敦煌市旅游的自驾车，在旅游时段内，可免费更换为可再生能源汽车；对选购低碳产品、执行敦煌市碳减排标准的企业、酒店、餐馆、商场、农家乐、公众等给予适当优惠政策。对城市绿地、广场、公园、景区等公共场所及城市道路逐步开始进行太阳能光伏照明技术改造。积极将低碳理念融入敦煌市智慧旅游公共服务平台建设，运用互联网和移动互联网，全面提升敦煌市低碳旅游的管理、服务水平，实现旅游行业近零碳排放。

第三，交通低碳化工程。在公共服务领域优先推广应用可再生能源汽车，加快构建可再生能源汽车示范推广管理组织体系、配套设施网络体系和运行服务保障体系，到 2020 年建成 3 条新能源公交专线以及 3 座 25 个充电站，建成 5 个以上新能源汽车示范社区/安装充电桩 800370 个，公共交通领域 100% 实现可再生能源或清洁能源汽车全覆盖，实现近零碳排放目标。

（3）敦煌市零碳发展的自然地理基础

敦煌市地处河西走廊的最西端，地处甘肃、青海、新疆三省（区）的交汇处，总面积 3.12 万平方千米，其中绿洲面积 1400 平方公里，仅占总面积的 4.5%。年平均降水量仅为 42.2 毫米，蒸发量高达 2505 毫米，年平均无霜期 152 天，属典型的暖温带干旱性气候。截至 2016 年，敦煌市总人口 18.94 万人，实现生产总值 106.40 亿元，三次产业结构为 13.71∶25.43∶60.86。敦煌市是国家首个百万千瓦级以上太阳能发电示范基地，国家能源局第一批新能源示范城市及综合新能源合作示范城市。2016 年敦煌市能源消费总量为 59.58 万吨标准煤，单位生产总值能耗为 0.545 吨标准煤/万元（生产总值按照 2015 年价格计算）。从能源消费结构分析，其中煤炭消费量占能源消费总量的 41.66%，石油消费量占能源消费总量的 24.45%，天然气消费量占能源消费总量的 13.98%，电力消费量占能源消费总量的 19.91%。

敦煌市零碳发展的风光等可再生能源资源富集。

是全国太阳辐射量最高的区域之一，全年日照 3257.9 小时，日照百分率达 75%，年太阳辐射量 6882.57 兆焦耳/平方米，是国内太阳能资源丰富的Ⅰ类地区，发展光电产业潜力巨大。敦煌市四季多风，风能资源丰富，北湖地区 70 米高度年平均风速 6.91 米/秒，平均风能密度 379.92 瓦/平方米，具有风向稳定、风力持续性好、破坏性风速少的特征，适合进行大规模风电开发。同时，土地资源充足，荒漠戈壁多，具备建设千万千瓦级太阳能电站的土地资源条件。

敦煌市是全国首个 20 兆瓦特许权示范项目所在地，2014 年年底率先建成国家认可的全国第一个百万千瓦级以上的太阳能发电基地。截至 2017 年上半年，获批核准备案光电项目 1129 兆瓦，其中，光伏备案项目 969 兆瓦，建成光伏项目 820 兆瓦；光热备案项目 160 兆瓦，其中，纳入"国家太阳能热发电示范项目" 150 兆瓦，全球第三座、亚洲首座具备 24 小时连续发电能力的 10 兆瓦塔式熔盐光热发电项目建成并网发电。同时，敦煌市不断加大新能源装备制造项目招引力度，引进五百强企业中船重工、海装风电、新疆特变电工等企业落户敦煌市，新能源装备制造产业链条不断延伸。敦煌市光电产业园区也成为当前国内集中连片面积最大的光电产业园区。

（4）敦煌市零碳示范工程和零碳城市建设规划

根据《敦煌"十三五"新能源发展规划》和《敦煌市100%可再生能源示范城市规划》（见表6-4），敦煌市提出在"十三五"期间建设"两大基地、四个城市"的发展目标：一是建设光伏光热协同外送基地。依托丰富的光热资源和配套的电网，打造100万千瓦光热发电、200万千瓦（新增100万千瓦）光伏发电协同外送基地，100%摆脱火电调峰新能源外送，实现光伏光热电力协同稳定送出，为中国新能源稳定输出，以及解决弃光问题提供可借鉴的实践经验。二是建设新型风力发电基地。利用敦煌市北湖丰富的风力资源及土地资源，建设100万千瓦新型风力发电基地。三是建设100%可再生能源电力城市。利用敦煌市风光电基地生产绿色可再生能源电力的优势，积极推进新能源电力本地消纳，实现敦煌市第一、第二、第三产业以及居民用电100%利用可再生能源电力（见表6-5）。四是建设100%可再生能源供热城市。利用敦煌市新能源供给充裕的优势，实施远程供热，实现敦煌市城区内建筑100%采用可再生能源供热。五是建设100%可再生能源交通城市。利用敦煌市本地可再生能源发电和天然气富足的优势，大力推广电动汽车，实现敦煌市域内公共交通用能100%利用可再生能源或清洁能源。六是建设100%可再生能源旅游城市。作为国际化旅游城市，积极贯彻落实绿色低碳的国际旅游理念，在吃、住、行、游、购、娱等环节倡导低碳、节能、绿色、环保，实现敦煌市旅游业用能100%可再生能源化。

2020年，敦煌市可再生能源占能源消费总量比重达到100%，达到123万吨标准煤，将在全国率先建成零碳城市。尽管敦煌市由于自然条件的制约，森林覆盖率仅为6.9%，在创建零碳城市的基础上加强森林碳汇建设工作，结合国家级生态文明先行示范区创建工作，通过加强保护与管理并举，争取到"十三五"末，使全市的森林覆盖率达到7%。中德新能源示范城市制定的《敦煌市综合能源规划方案》提出，敦煌市实现100%可再生能源供应系统的目标理论上是可行的，敦煌市打造零碳排放城市所面对的最大挑战就是如何用可再生能源满足热力和交通的能源需求，对这两个领域而言，都应首先考虑通过能效提升措施降低能源需求，在降低热力需求方面，可以对建筑采取隔热保温措施，在交通方面，可以通过发展电动汽车来降低能耗需求。

表6-4　　　敦煌市创建高比例可再生能源示范城市的重点任务

重点任务	主要内容
创建100%可再生能源电力城市	建设太阳能热发电、光伏协同示范基地；新型风力发电基地；建设"丝绸之路旅游云"新能源电力消纳项目；铁路消纳新能源电力项目；敦煌市文化旅游产业消纳新能源电力项目
创建100%可再生能源供热城市	着力推动可再生能源集中与分布式相结合的供热模式的普及利用，重点利用戈壁滩的土地资源优势建设太阳能热发电集中供热工程，同时利用弃风弃光电力作为备用容量，满足市区集中供热的需求，在集中供热无法达到的区域，通过地热能、污水源等分布式供热解决
创建100%可再生能源交通城市	公交线路用车全部更换为可再生能源汽车；建设配套的充电站、充电桩；进行与新能源交通有关的城市配电网改造

表6-5　　　　　　　敦煌市可再生能源消费模式创新

产业类型	创新举措
第一产业	支持在"一区、八园、多点"等现代农业区域，以及在特色林果、高品质瓜果、畜禽养殖和休闲观光农业四大产业全面实现100%可再生能源电力消费，先行重点在七里镇设施葡萄产业化示范园区、莫高镇高效节水示范园区、月牙泉镇兰飞现代农业示范园区、阳关镇休闲观光农业示范园区、郭家堡镇万亩红枣示范园区、郭家堡镇设施养殖示范园区6个现代农业园区实现100%可再生能源电力消费
第二产业	支持通过大用户直供电等鼓励性政策以及环境监察等限制性措施，对敦煌市高载能的清洁能源、装备制造、新型材料、磷钒冶选、石材加工等五大产业实施可再生能源电力替代，特别是对使用燃煤锅炉制蒸汽、焦炭冶炼的加工制造企业先行实施严格的电能替代
第三产业	主要针对敦煌市作为国际文化旅游名城的地位，树立绿色低碳的国际形象。重点推动大数据中心、云计算等新型用能产业落户敦煌市，打造"丝绸之路云数据中心"，推进旅游产业转型升级发展，为敦煌市文博会、敦煌市国际马拉松等重大活动提供安全可靠的智慧安保解决方案，并推进其在教育、医疗、交通、就业等公共资源领域高效利用

（5）敦煌市战略性新兴产业发展

敦煌市开展零碳创建工作，其中产业定位为大力发展战略性新兴产业是创建的关键所在。战略性新兴产业是以重大技术突破和重大发展需求为基础，对经济社会全局和长远发展具有重大引领带动作用，知识技术密集、物质资源消耗少、成长潜力大、综合效益好的产业。大力发展战略性新兴产业是全市工业结构调整、转型升级的战略方向和重大任务。通过大力推动产业结构调整和工业转型升级，在对传统产业进行改造提升的同时，积极培育发展战略性新兴产业，新能源、先进装备制造、新材料、信息技术、节能环保和现代服务业等战略性新兴产业日益成为转型跨越发展的重要力量和新的经济增长点。

敦煌市战略性新兴产业发展思路具体包括，抢抓"一路一带"建设的机遇，以调整产业结构、转变增长方式为主线，以创新驱动为核心，以产业链、集群发展为主要路径，立足招商引资和扶优扶强，强化政策支持，大力培育新兴产业优势行业和骨干企业，促进传统产业提质升级、战略性新兴产业快速扩大，加快产业结构由中低端向中高端迈进，使战略性新兴产业成为全市经济发展的主导产业和支柱产业，努力建设成为丝绸之路经济带上战略性新兴产业发展的新高地，敦煌市战略性新兴产业规划布局（见表6-6）。

表 6 - 6 敦煌市战略性新兴产业规划布局

序号	产业领域	产业布局
1	新能源产业	以敦煌市北湖地区为重点，适度考虑一百四戈壁、玉门关以南、党河水库上游建设试验风场，依托优质的风力资源，加大风力发电项目建设力度；以光电产业园区为重点，依托良好的光热资源，加快推进光伏发电产业；在敦煌市光电产业园光热发电区积极发展光热发电产业；在城区发展弃风、弃光电锅炉供暖
2	先进装备制造产业	敦煌市装备制造区位于光电产业园区内，占地3.15平方公里，已入驻装备制造企业6家，初步形成以风、光电发电设备为依托，以农机设备、电工电气制造为补充，新能源装备应用推广为平台，以建设全国太阳能电站野外检测培训及服务中心为目标的综合性产业园区
3	新材料产业	依托敦煌市工业园区新材料产业园，以聚苯硫醚高分子特种新材料产业和钒资源产业两大支柱产业为重点，发展精细化工、钒冶炼及深加工产业，扩大新型化工材料、钒材料生产规模，就地实现产业链延伸，争取将其打造成两个年产值超亿元的战略性新兴产业，实现新材料领域的跨越式发展
4	现代服务业	依托"一城三区"的城市发展空间格局、交通区位和文化旅游资源优势布局，坚持城市功能提升、市场需求引领和新技术应用带动，不断拓展新领域，发展新业态，培育新热点，推进品牌化、网络化经营，切实增强现代服务业的辐射力和竞争力。着力发展生产性服务业，把生产性服务业与高新技术产业快速发展相结合，进一步强化科技服务、研发服务、信息服务，不断提高生产性服务业的层次和水平
5	节能环保产业	围绕采矿、冶金、建材、化工、电力等重点行业，在全市布局节能环保产业，为生态文明建设提供技术、装备服务支撑
6	信息技术产业	以"光网敦煌"和"无线敦煌"为目标，加大云计算、物联网等新技术的推广应用，建成先进智能的基础设施，基本实现三网融合；积极发展微电子、通信设备、电子器件、应用电子产业，加快推动智慧城市建设

　　敦煌市高度重视生态文明建设与可持续发展，敦煌市在2007年被确定为省级可持续发展实验区，2010年成为全省首个国家可持续发展实验区，敦煌市紧扣

国家可持续发展实验区建设的总体要求，围绕"展示魅力敦煌、建设艺术之都"和建设"三城一基地"（国家旅游城、文化艺术城、大漠光电城、中国西部最具特色的鲜食葡萄基地）战略目标，以科技创新推动机制创新，不断优化调整产业结构，加大重点项目建设力度，建成了20兆瓦光伏发电基地、10万亩优质葡萄基地、党河风情线及城市集中供热工程等一批事关敦煌市绿洲可持续发展的工程项目（见表6-7）。为确保实验区建设各项目标任务的完成，促进人与社会、环境的和谐发展，敦煌市通过进一步加强组织领导，采取行政、经济、科技、法律等手段，从加强部门协调、拓宽融资渠道、依靠科技支撑、健全法规制度等方面，认真落实各项保障措施，有效地推进了可持续发展战略的顺利实施。

表6-7　敦煌市国家可持续发展实验区示范园区示范工程和示范单位

序号	示范园区类型	示范园区名称
1	高效节水示范园区	敦煌市万亩高效节水示范园区
2	现代农业示范园区	敦煌市现代农业示范园区
3	葡萄标准化栽培示范园区	敦煌市七里镇万亩葡萄基地
4	生态农业示范园区	敦煌市飞天生态农业示范园区
5	清洁能源光伏发电示范园区	敦煌市光伏发电示范园区
6	城市景观建设示范工程	敦煌市党河风情线建设工程
7	城市建筑改造示范工程	敦煌市城市街道和立面改造工程
8	民生项目示范工程	敦煌市城市集中供热工程
9	生态环境保护示范工程	中国科学院敦煌沙漠戈壁研究站建设工程

序号	示范园区类型	示范园区名称
10	社会保障体系建设示范工程	敦煌市社会福利中心建设工程
11	旅游景区示范单位	敦煌市鸣沙山·月牙泉管理处
12	敦煌文化宣传交流示范单位	敦煌市博物馆
13	新农村建设示范单位	敦煌市阳关镇
14	实用人才培训示范单位	敦煌市艺术旅游中专学校
15	城市社区规范化管理示范单位	敦煌市沙州镇文庙社区

第三节　零碳示范工程创建的启示

"十三五"以来，国家低碳试点发展面临诸多政策与资金瓶颈，如何发挥地区自身优势，因地制宜开展低碳创建成为生态文明建设背景下低碳试点发展的新课题。零碳示范工程和零碳城市创建作为低碳发展的终极目标，需要寻求新的着力点和突破口，可以在一部分自然资源基础优越、社会经济发展水平较高的区域开展试点示范。

第一，可再生能源、核能等零碳能源是零碳发展的自然基础，全国提出 2020、2030 年非化石能源占一次能源消费比重分别达到 15%、20% 的能源发展战略目标，结合电力市场建设和电力体制改革，选择适宜地区开展各类可再生能源示范，为加快推动可再生能源利用、替代化石能源消费打下坚实基础，开展区域能源转型示范工程创建，提出能源转型示范城市可再生能源占能源消费总量超过50%，高比例可再生能源应用示范区可再生能源占能源消费总量超过80%。建议建设一批可再生能源占能源消费总量超过90%的近零碳排放示范区。

第二，结合供给侧结构性改革，加大产业结构与能源结构调整力度。把转变经济增长方式，调整产业结构作为节能降碳的战略重点，积极优化资源配置，促进产业结构发展高度化。尽管高能耗和高碳发展不能混为一谈，但在能源消费结构稳定的前提下，节能量和减碳量比例一致，节能依然是低碳发展与零碳建设的核心任务之一。

第三，零碳建设需和绿色发展、生态文明建设密切结合。在现有生产技术水平下，从产品全生命周期分析，零碳能源生产装备有服务年限限制，光伏产品一般使用年限为30年左右，一些高端产品寿命可达50年。因此对零碳能源生产需严格执行环保标准及要求，加强技术经济分析，促进生态建设与零碳创建协同发展。

第七章　结论与展望

　　低碳经济在世界各国的迅速发展，迫切需要一套科学的低碳经济方法学和指标体系，指导各国低碳发展的理论与实践。研究在低碳经济的概念辨识和要素分析的基础上，构建了低碳经济的评价方法学和评价指标体系，并运用指标体系对案例省区和城市进行评价和低碳发展路线图设计。对各地区摸清低碳发展本底，探索未来低碳发展路径具有一定的指导意义。

　　通过低碳经济方法学的建设和案例分析，研究发现以下结论。

一　世界各国不会因碳排放问题而停滞经济发展

　　无论是发展中国家还是发达国家，各国现代化的实践均已证实，碳排放的变化是国家现代化时期经济结构多元化和能源消费结构变化的必然结果。在国家工业化初期阶段，大规模的制造业发展中高碳燃料煤炭消费增长会引发碳排放的快速上升。进入工业化中期阶段以后，高科技产业和第三产业的发展以及碳含量相对较低的石油和天然气现代能源矿种主导地位的确立最终导致碳排放增速的减缓和下降局面的出现。

《京都议定书》对发达国家碳排放进行了约束，世界各国也纷纷出台相应的碳减排措施。尽管中国和许多发展中国家承诺碳排放强度减排目标，但工业化和城市化进程不会停滞，仍以强劲的势头发展，但是可以把低碳经济转型作为发展的机遇，在碳强度指标约束下，通过制定和执行积极的产业政策和能源战略，提高能源效率以及优化能源结构，在保证经济持续快速增长的前提下，寻找适合国情的产业结构与能源消费方式。

2016 年 11 月 4 日，《巴黎气候变化协定》正式生效，确立了 2020 年后以国家自主贡献为主体的国际应对气候变化机制安排，重申了《联合国气候变化框架公约》确立的共同但有区别的责任原则。从环境保护与治理上来看，《巴黎气候变化协定》的最大贡献在于明确了全球共同追求的"硬指标"。协定指出，各方将加强对气候变化威胁的全球应对，把全球平均气温较工业化前水平升高控制在 2 摄氏度之内，并为把升温控制在 1.5 摄氏度之内努力。只有全球尽快实现温室气体排放达到峰值，21 世纪下半叶实现温室气体净零排放，才能降低气候变化给地球带来的生态风险以及给人类带来的生存危机。从经济视角分析，《巴黎气候变化协定》首先推动各方以"自主贡献"的方式参与全球应对气候变化行动，积极向绿色可持续的增长方式转型，避免过去几十年严重依赖石化产品的增长模式继续对自然生态系统构成威胁；其次，促进发达国家继续带头减排并加强对发展中国家提供财力支持，在技术周期的不同阶段强化技术发展和技术转让的合作行为，帮助后者减缓和适应气候变化；再次，通过市场和非市场双重手段，进行国际间合作，通过适宜的减缓、适应、融资、技术转让和能力建设等方式，推动所有缔约方共同履行减排贡献。根据《巴黎气候变化协定》的内在逻辑，在资本市场上，全球投资偏好未来将进一步向绿色能源、低碳经济、环境治理等领域倾斜。

二　制订省区和城市碳预算方案，完善碳交易和碳市场平台

目前中国政府已提出，2020 年单位国内生产总值二氧化碳排放比 2005 年下降 40％—45％的目标，作为约束性指标纳入国民经济和社会发展中长期规划，并制定相应的国内统计、监测、考核办法。到 2030 年的行动目标还包括，单位国内生产总值二氧化碳排放比

2005 年下降 60%—65%，二氧化碳排放 2030 年左右达到峰值并争取尽早达峰，非化石能源占一次能源消费比重达到 20% 左右，森林蓄积量比 2005 年增加 45 亿立方米左右。对于省区和城市而言，中国存在巨大的区域差异，特别是存在产业结构、发展阶段和资源禀赋的差异，使各省（市、区）不可能执行统一的碳强度减排标准。"十一五"期间，各省区的单位 GDP 能耗降低标准从 12% 到 30% 不等，就是考虑到产业结构和发展阶段的差异。

根据"碳预算"方案，目前大多数发达国家年人均碳排放远超过全球平均水平，而多数发展中国家远低于这一水平，还有增长的空间，促使全球公平地减排，避免不合理的减排安排对发展中国家造成损害，对于中国区域而言，可以借鉴这一方案，根据全国人均碳排放和各省区人口和经济发展水平，制订出中国区域发展碳预算方案。中国大多数地区，近年来碳排放总量仍将会呈现持续上升态势，因此需要能源强度和碳排放强度的双指标约束，同时建立和完善国内碳交易和碳市场平台，鼓励政府、企业和个人积极参与低碳经济建设。

三　需要建立低碳评价指标的国家标准

考虑到低碳经济评价的研究的复杂性，研究设置的评价标准较为宏观，具体的低碳经济考核评估细则需要进一步加强和完善。国家发改委应对气候变化司作为低碳发展的主管部门，2007 年以来在低碳发展领域作了大量指导性工作，2008 年，吉林市被国家发改委选定为低碳经济发展案例研究试点城市，成为中国在国家层面开展城市低碳发展试点的开端，研究制定了低碳产出、低碳消费、低碳资源、低碳政策 4 个维度 12 个指标的低碳经济发展水平衡量指标体系，本研究在此基础上，确立了低碳产出、低碳消费、低碳资源、社会影响、环境质量、低碳政策 6 大层面 20 个指标。在"十三五"时期至 2030 年，需要由国家发改委组织制订统一的低碳发展评价指标体系，覆盖社会经济的各个领域，指导区域和城市低碳发展实践，向生态文明阶段迈进。

参 考 文 献

［1］国家发展和改革委员会能源研究所课题组：《中国2050年低碳发展之路——能源需求暨碳排放情景分析》，科学出版社2009年版。

［2］国家统计局：《新中国六十年统计资料汇编》，中国统计出版社2005年版。

［3］侯京林：《生态文明的发展模式》，中国环境出版社2016年版。

［4］金涌：《低碳经济：理念　实践　创新》，《中国工程科学》2008年第9期。

［5］潘家华、庄贵阳、朱守先等：《低碳城市：经济学方法、应用与案例研究》，社会科学文献出版社2012年版。

［6］张雷：《中国区域结构节能潜力分析》，科学出版社2007年版。

［7］张雷等：《中国城镇化进程的资源环境基础》，

科学出版社 2009 年版。

［8］UNDP，DRCSLL：《2016 中国人类发展报告》，中译出版社 2016 年版。

［9］Ann P. Kinzig and Daniel M. Kammen，"National Trajectories of Carbon Emissions：Analysis of Proposals to Foster the Transition to Low – carbon Economies"，*Global Environmental Change*，Vol. 8，No. 3，pp. 183 – 208，1998.

［10］Beinhocker et al. ，2008，The Carbon Productivity Challenge：Curbing Climate Change and Sustainable Economic Growth，Mckinsey Global Institute（www. mckinsey. com/mgi）.

［11］Carbon Dioxide Information Analysis Center，Oak Ridge National Laboratory of DOE［EB/OL］，cdiac. esd. ornl. gov.

［12］Cataned B E，"An Index of Sustainable Economic Welfare（ISEW）for Chile"，*Ecological Economics*，Vol. 28，No. 2，pp. 231 – 244，1999.

［13］CCICED，2008，International Experience and China's Cases of Low – carbon Economy，British Embassy in China：http：//ukinchina. fco. gov. uk/zh/working – with – china/spf/.

［14］DTI（Department of Trade and Industry）. *Energy White Paper：Our Energy Future—Create a Low Carbon*

Economy, London: TSO, 2003.

[15] Gordon Conway, 2008, "Perspectives on a Low Carbon Economy?" presentation at the second meeting of the CCICED task force on a Low Carbon Economy for China, Stockholm.

[16] Hardi P, Barg S, "Measuring Sustainable Development: Review of Current Practice", occasional paper number 17, November 1997, International Institute of Sustainable Development.

[17] Jiahua Pan, "Meeting Human Development Goals with Low Emissions: an Alternative to Emissions Caps for post – Kyoto from a Developing Country Perspective", *International Environmental Agreements: Politics, Law and Economics*, Vol. 1, No. 5, pp. 89 – 104, 2005.

[18] JingYun Fang, "Scenario Analysis on the Global Carbon Emissions Reduction Goal Proposed in the Declaration of the 2009 G8 Summit", *Science in China Series D: Earth Sciences*, Vol. 11, No. 52, pp. 1694 – 1702, 2009.

[19] Nicolas Stern, *Stern Review on the Economics of Climate Change*, Cambridge: Cambridge University Press, 2007.

[20] Tony Blair, 2008, Breaking the Climate Deadlock: A Global Deal for our Low – carbon Future, a report

submitted to G8 meeting.

［21］Toshihiko Nakata, "Shift to a Low Carbon Society through Energy Systems Design", *Science China Technological Sciences*, Vol. 1, No. 53, pp. 134 – 143, 2010.

［22］UNCSD, *Indicators of Sustainable Development*: *Guidelines and Methodologies* (Third Edition), New York, United Nafions, 2007.

［23］Wackernagel M., Oisto L., Bellope P. et al, Ecological Footprints of Nations. Commissioned by the Earth Council for the Rio + 5 Forum. International council for local Environmental Initiatives, Toronto, 1997.

［24］Wackernagel M., Onisto L., Bellope P. et al, "National Natural Capital Accounting with the Ecological Footprint Concept", *Ecological Economics*, Vol. 29, No. 3, pp. 375 – 390, 1999.

［25］ZhongLi Ding, "On the Major Proposals for Carbon Emission Reduction and Some Related Issues", *Science China Earth Sciences*, Vol. 2, No. 53, pp. 159 – 172, 2010.

朱守先，男，江苏人，理学博士，经济学博士后，中国社会科学院城市发展与环境研究所副研究员。

以资源环境与区域发展为主要研究方向。主持研究项目有，国家社会科学基金：气候容量对城镇化发展影响实证研究（批准号：14BJY050）。主要参与研究项目有，国家自然科学基金重点项目：中国城市化进程的资源环境基础研究（批准号：40535026）等各类课题30余项。

主编《气候变化的国际背景与条约》教材，参编《中国区域结构节能潜力分析》、《中国城市化进程的资源环境基础》、*Environmental Policies in Asia：Perspectives from Seven Asian Countries*、《低碳城市：经济学方法、应用与案例研究》、《应对气候变化报告》等学术著作。